暢銷新編版

快速累積好感力，
讓對方越聊越喜歡你！

聊天聊出好人緣

林家泰＿＿＿＿＿著

推薦序

讓對方越聊越喜歡你

文／台大保險經紀人股份有限公司董事長　陳亦純

在一般人的聚會裡，談論的是閒事和八卦，賺的錢是工資和蠅頭小利，想的是明天和月底。

在生意人的聚會裡，談論的是專案和韻事，賺的是利潤和差價，想的是下一季和明年。

在企業家的聚會裡，談論的是趨勢和合作，賺的是財富和機會，想到的是未來和傳承。

你和什麼樣的人在一起，就會創造什麼樣的人生。

和正向的人在一起，你不會消極；和格局宏大的人在一起，你的視野得遠大；常和領導階層在一起，你會薰陶出優雅的氣度；與智慧的人同行，你會不同凡響；常和高人學習，你可以登上巔峰。

但是和這些對你有幫助的人相處，要能時時受益，最重要的是有耳無嘴、多聽少說。而且常要和對你有幫助的人請益和聊天，而聊天要有方法和重點。我從家泰老師的這本大作裡學習到幾點，試著做歸納。

一、會聽才會聊，多講無益，聽對方要講的弦外之音，讓對方的得意事盡情發揮。世界級的汽車銷售大王喬・吉拉德（Joe Girard）曾經有一次失敗的案例，明明到手的生意卻飛了，他越想越困惑，只好打電話去請問對方，他哪裡做錯了。對方告訴他，她想買車送給考上名校的兒子，但喬卻只顧著介紹車子，不聽她的得意事。

二、聊對方感興趣的。當對方開始談他的得意事時，你要推波助瀾，引導他盡情地說，對方談得起勁，對你越是有益。

三、聊對方有益的，當然不能只是對你有益，你要讓對方覺得你是常常帶給他非凡受益的人。孟子見梁惠王，雖貴為大王，一打照面即問了：「先生不遠千里而來，應該有什麼對我國有利的東西吧！」這是人性，人人都喜歡的。

四、聊完後，對方會幫你廣告你帶給他的東西，不但對他有益，還新奇有創意，他一高興，免不了分享給他的朋友，甚至把你推薦出去，他幫你廣告比你自己講的還入木三分。

五、刪除、保密、分享和對方聊天完畢後，要懂得分辨。哪些是你聽過後就一定要忘掉的，哪些是必須保密的，哪些是她希望你幫他多多吹噓和分享的。

家泰老師溫文儒雅，生就一派玉樹臨風之氣質。更不凡的是他的見解既有深度、思考又嚴密周到，這是長期在分享談判和戰略所累積的真功夫。

家泰老師囑我推薦，榮幸之至，唯所薦不過書中之萬一，各位讀友還是要細讀本書方得最高受益。

推薦序

聊出好人緣

文／典華幸福機構學習長 林齊國

第一次見到家泰講師是在中華華人講師聯盟，當時對家泰講師認識不深，只聽說這位講師最擅長的是「談判」這門課。

想像一位談判專家，好像應該是很咄咄逼人、說話犀利，再搭配上一張撲克臉……這樣的刻版印象，等到真正認識家泰講師後，這印象徹底的被打破。

每回見到家泰講師，總會先被他熱情的笑容吸引，同時在他身上感受到滿滿的正面能量；家泰講師不僅是一位熱心的好夥伴、好朋友，同時也是一個知識的寶庫，無論向家泰講師請教什麼問題，他總是知無不言，只要有機會跟家泰講師談話，無論是談正事或是閒聊，談話的過程總是非常愉快，也因此對家泰講師十分佩服，怎麼總是能夠創造這麼棒的談話經驗，因此也常常和家泰講師討教。

正因為自己有這樣的體驗，所以，一知道家泰講師計畫出版這本關於「聊天」的書，就非常的期待，書中必然有家泰講師的獨家祕訣，讓我可以透過閱讀來學習，家泰講師是如何「聊出好人緣」。從書中我才知道，聊天是一門高深的學問，聊天人人都會，但要如何聊到對方的心坎裡，那就是家泰講師要教給我們的功夫啦！

書中有一篇提到一位房仲業者葉天愚的故事，告訴我們「不要急於展現自己的專業」，顛覆了傳統觀念；但確實，現代社會中，我們往往急著「說」，卻忘了「聽」，說是把自己放在第一位，而「聽」則是重視對方的一種表現。家泰這麼多年累積的經驗，無私的分享給我們。我相信讀完本書，您不僅可以學習「聊天」的藝術，同時您會發現很多待人處事的心法，絕對讓您收穫豐富！

聽對方想說，說對方想聽，期待我們在讀完書後，身體力行每個篇章後的達人建議，讓自己也能「聊出好人緣」。

推薦序

教你不錯失良機的溝通技巧

文／義隆纖維工業股份有限公司董事　王正立

知道家泰要出書，身為他的老大哥和老戰友，真是由衷的為他感到高興和祝福！

和家泰的認識是在青商會。當時和太太專程去聆聽他的演講——「談孫子兵法」！當時就覺得這個年輕人非常特殊，口才好、內容生動、魅力四射、現場觀眾的Q＆A欲罷不能。當時他的背景是一家金融公司高階主管。這樣的差異讓我對家泰非常好奇，白天埋首金融數字，晚上卻有如此的熱誠分享他拿手的談判學！

二〇一〇年個人擔任青商會資深會友聯誼會主席，需要一位祕書長，在因緣際會下，家泰擔任起了這份重責。當時他除了白天工作，並看到他非常用功，不時的閱讀、關心時事脈動和最新資訊。這讓我對家泰更是好奇！這個年輕人怎麼如此努力！

而由於這些年頻繁的接觸互動，讓我看到家泰一絲不苟的行事風格，待人處世亦非常圓融、負責！這段期間，我們如忘年之交，無話不談，大自國家大事、企業發展、小至人生目標、家庭經營管理。在分享到他對自己人生的規劃和夢想時，他告訴我，他希望自己成為一位專業的講師！那是他人生的夢想！

家泰如預期的放棄了坐領高薪的上班族，在業界講師中，一點一滴累積出自己的品牌，在海峽兩岸及東南亞闖出了響叮噹的名號！做大哥的我不由得豎起大拇指，讚嘆我的好弟兄，你做到了！

今天看到他要出書——《聊天聊出好人緣》內容非常中肯並深具實用價值，提供了許多個案和傾聽的方法。其中看到許多活生生的例子在職場中不斷發生，致使在人際關係上錯失良機。若能細讀後加以思考，善巧的運用，相信會有更多人受益，不僅僅是人際關係改善了，自己的溝通能力、表達能力、和協調能力也都可以大大提升！

祝福家泰精心撰寫的《聊天聊出好人緣》這本書大賣，讓更多大眾受惠與分享，讓大家都有好人緣！更祝福家泰築夢踏實！美夢成真！

聊天是人際關係的基石

文／林家泰

常有人問我，要如何加強自己未來的競爭力？我回答：除了專業和態度，還有人際關係。尤其對一九八六年後出生的年輕朋友來說，許多人的人際關係多是透過虛擬的網路——用手指頭溝通，所以實體的人際互動關係變成了很多人的夢魘。

這一點可以從近幾年知名的財經雜誌，紛紛以人際關係為主題作為雜誌封面，加上許多針對上班族的問卷顯示，辦公室的人際關係更是許多上班族最頭痛的事。其實只要分析家庭結構，就不難理解這樣的結果。三四年級的前輩多數成長在三代同堂的家庭，家庭人口超過二十位比比皆是，等於從小就是夾在老中青三代中學習，更不要說當時家庭很多都擁有五六個孩子；這樣的環境讓他們從小就是在複雜的人際溝通中成長。

反觀七年級後段班的孩子，三代同堂變成核心家庭，多數家庭的孩子都不超過兩個，在成長學習的過程中除了同儕，就很難有機會和不同年齡的人相處溝通。所以一旦進入職場，在人際互動上不適應，也很尋常；適應能力強的在職場裡如魚得水，但也有不少人卻在職場裡處處碰壁。

其實人際關係跟溝通能力有極大的關係，而聊天更是溝通的基礎功夫，希望透過這本書，能夠啟發讀者聊天的能力，就算是依樣畫葫蘆，也能做得有聲有色；進而改善自己的人際關係，讓自己的職場競爭力提升，使自己的人生更幸福。

每一本書的誕生，除了作者腸思枯竭、嘔心瀝血，還有許多的貴人在後面協助。從一個金融業的主管，中年轉型成為走進華人世界的講師，除了要感謝為我寫序的三位貴人，也要感謝一直在背後支持我的母親及太太，讓我開啟講師這扇窗的好友郟智群老師，帶我加入中華華人講師聯盟的人脈達人阿寶哥，亦師亦友、教我甚多的陳志明博士，華盟創辦人張淡生先生，以及推動我寫這本書的出版經紀人柯延婷小姐（貓娜），還有許多曾經協助過我的朋友。

很抱歉無法一一寫出諸位的大名致上我的感謝。

最後，我要把我這本書獻給在天上的父親，謝謝您在世時對我的教導與要求，這是奠定我成為講師最重要的基石。

CONTENTS

Part II

如何讓對方越聊越喜歡你

Part III

讚美是增進關係最有效的潤滑劑

Part IV

像A咖一樣的說話技巧

如何讓對方第一眼就對你超有好感

PART 1

• 寧笑呆不耍酷。很多人不喜歡笑的原因是因為怕被笑很呆，其實我們每天看到形形色色的路人從我們的身邊走過，你喜歡面無表情一臉酷樣的人，還是保持微笑熱情洋溢的人呢？

1 爭取眼球前鋒3秒鐘

梅雨季的週五晚上六點十五分，戈嘉沂還塞在南京東路一段往東方向的公車專用道上，心裡急得像熱鍋上的螞蟻，偏偏又遇上道路施工，連摩托車都變得有點遲鈍。

嘉沂心想，好不容易朋友顧思齊願意帶她去參加這個社團的聚會，除了刻意換上黑色小禮服和三吋高跟鞋，下午還特別請了兩個小時的假去洗頭髮。本來以為時間還早，便搭了公車過來，誰知道竟然塞在車陣裡動彈不得！嘉沂決定下一站趕快下車改搭小黃，希望別遲到了。

六點三十二分，計程車終於停在民生東路上的五星級飯店。因為大廳迴廊的車子太多了，嘉沂顧不得外面還下著大雨，便跟司機說要下車，誰知道夜色昏暗，右腳一下車就踩在水坑裡，嘉沂心想這下糗了，還好有帶傘，起碼下午精心吹整的頭髮造型沒塌掉。不想，走進飯店的大廳時真正糗的事來了，剛剛踩進水坑的鞋子的鞋跟釘竟然掉了，於是走起路來變成一腳聲音大一腳聲音小，滑稽到了極點。

問了服務生包廂的樓層，電梯門一開，就看到顧思齊在包廂前左顧右盼，一聽到嘉沂走路的聲音便噗嗤笑了出來：「妳今天是扮丑角嗎？」嘉沂一聽都快哭了出來：「我也不想啊！」

兩個女生趕緊到化妝室花了好大一番功夫，才把嘉沂另一腳的鞋跟釘拔掉，至少走起路來不會那麼古怪滑稽。不然，首次見面的印象分數就被扣分了吧！

你可能也有這樣的經驗，不論是公司的新同事報到、跟團出國旅遊，甚至是相親，第一眼的印象就已經決定了你要不要和這個人互動，我稱之為「眼球前鋒三秒鐘」。

與人初次見面的一剎那，你會注意到什麼？其實很簡單，就是從頭到腳：髮型、穿著打扮、化妝、體味、香水濃淡、表情，身上發出的聲音到手擺的位置和腳的站姿或坐姿等。眼睛看得到、鼻子聞得到、耳朵聽得到的都會轉化為主觀的感覺，進而影響我們對這個人的好惡。

譬如說這幾年一遇到畢業生求職旺季，很多企業就會抱怨，一些社會新鮮人參加面試不但未穿著正式服裝，有些甚至穿拖鞋就來了，這樣隨便的態度，稍微有制度的公司都是不可能錄用的。

不論青商會還是中華華人講師聯盟等，只要是開會，我一定都是穿著西裝，這不但是尊重對方，更是尊重自己，尤其是第一次參加活動，更是不能大意。

有一次我看到一個第一次參加活動的來賓，著Polo衫、牛仔褲配搭休閒外套，對照其他穿著正式服裝的與會者，顯得格外突兀，所以當他到處和人交換名片時，我發現滿多人都向他說：「抱歉！名片發完了。」

一個月之後他又參加了一樣的活動，依舊以Polo衫、牛仔褲以及休閒外套出席，一位資深會員看不下去，就很直爽的跟他說：「我如果今天是會長，根本不可能讓你進來參加……」當下他一定感到相當尷尬，但我只能說，一切都是自作自受啊！

那麼要怎麼做才能讓自己給別人感覺良好的「前鋒三秒鐘」呢？最簡單的標準，就是**「得體」**。

零距離溝通講堂

Q 有沒有比較明確的標準來衡量什麼是「得體」？

A 家泰老師建議：

「得體」就是要符合當下的環境和氛圍。我有次晚上與上市公司董事長吃飯洽談商務。席間獲知：他一早先去高爾夫球場和一些企業家打了十八洞，結束後換西裝回公司開午餐會報，下午又換了一套運動服到關係企業的友誼賽中致辭。但眼前的董事長在高檔日本料理餐廳裡，又是西裝筆挺。這就是「得體」的表現。

「得體」就是不讓自己太過突兀，讓對方感到不舒服。例如：大家都知道微笑很重要，但如果參加弔唁就不適合了；正式服裝的場合，穿得像是在海島渡假，就變得很搞笑。

至於如何讓自己處於最得體的狀態，後面的篇幅將再做完整的介紹。

2

如何微笑最有FU

日本保險之神原一平，為了帶給客戶快樂的感受，每天在鏡子前練習微笑三十分鐘，而且他還發現：原來微笑竟然可以分成三十八種呢！可見得在一般情況下，**「微笑」最能展現善意，給予對方良好的感覺。**

裘蘇雅是一家女性用品的進口貿易商，公司員工過去清一色都是女性，董事長孫無敵去年決定改變，於是錄取蘇伊誠、方家銳兩個男生，但兩個男生的風格卻大不相同。

蘇伊誠一百七十一公分運動員的體格，雖然快三十歲了，但臉上偶爾還會出現幾顆青春痘。「帥」不會是他給人的印象，但就是給人一種樸實的信任感。他雖然在房屋仲介待了三年，但說起話來卻不會油腔滑調，反而比較像剛出社會的新鮮人，尤其面對溝通的對象是辣妹或正妹的時候，還會露出靦腆的笑容並且臉紅；在公司裡人緣還算不錯，只是業績剛開始表現得比較普通，沒有特別的出色。

方家銳一百七十七公分七十公斤高瘦的身材，不同於蘇伊誠的西裝只有深色和灰色，方家銳總喜歡穿馬卡龍亮眼系列的西裝外套與白色的西裝褲，加上戴在右耳搶眼的耳環，以及總是背著Louis Vuitton或Gucci的公事包，像極了時髦的模特兒，而不是上班族。

也許是因為擁有這樣優勢的外表，在公司裡，方家銳不常與人互動，有時候為了客戶需要跟其他部門溝通，其態度也不是很理想；特別是當同事彼此觀點有差異時，方家銳總喜歡撂下狠話：「客戶如果跑掉了，看你怎麼負責？」但方家銳客戶至上的處理態度，確實也讓一些客戶對他很死忠，業績超越了許多相對資深的同事，董事長也好幾次公開表揚方家銳的表現。

不過，蘇伊誠走過大約半年的業績低潮期，慢慢的業績不但有了起色，甚至超越了方家銳，主要原因當然跟兩個人一開始就經營的客戶不一樣。

原來老謀深算的孫董事長，刻意錄用了兩個外形與個性南轅北轍的新人，外形亮眼攻擊型的方家銳主攻新的客戶，果然一開始就開出紅盤業績，一鳴驚人。而相對老成持重、屬於慢熟型的蘇伊誠，則經營這幾年流失的老客戶。這個任務相對而言吃力不討好，因為這些流失的老客戶對裘蘇雅往往都有一些抱怨或誤解，所以蘇伊誠一開始最常遇到的狀況就是聽客戶抱怨，甚至有些客戶連溝通的機會都不給他。

過往在房仲的歷練，讓他懂得傾聽客戶的需求、面對各種不同事情的應對進退的方法，而且當初面試的時候，也是他自己跟孫無敵爭取經營這些流失的老客戶，還好他面對這些客戶的不理性反應並沒有氣餒，而是不斷的持續展現溝通的誠意，慢慢的，這些客戶就願意把對裘蘇雅的不滿告訴蘇伊誠。

蘇伊誠的優勢是不但讓客戶願意跟他吐苦水，而且能夠解決客戶對產品的不滿意，這就有賴蘇伊誠平日跟公司其他部門的互動關係。雖然他平常在公司話不多，個性也不像方家銳那般長袖善舞，但他就是能夠在跟人互動的時候隨時保持微笑。這樣的好習慣讓蘇伊誠在跟其他部門溝通客戶需求時，即使對方或許感到勉為其難，也願意幫他；相對於方家銳的態度總是頤指氣使，其他部門就算能輕易提供他服務協助，也會故意慢半拍。

然而真正讓蘇伊誠可以鹹魚翻身的，是一家進貨量相當驚人的通路商。這家公司本來就是裘蘇雅在中部相當重要的合作夥伴，可是之前負責的業務為了自己的業績欺騙了客戶，而孫無敵在這件事情的處理上又慢半拍，讓這個通路商的董事長極度的憤怒，親自下了封殺令。

蘇伊誠的父母住在台中市大里區，所以除了日常出差的正式拜訪，每次回台中陪伴父母，蘇伊誠也都不會放過機會去和通路商接觸。將近四個半月無功而返，好幾次他看到董事長辦公室燈開著也有人影，但對方的接洽人員都表示董事長外出，或者直接下達了逐客令。

從炎熱的八月盛夏到隔年一月，剛好是寒流肆虐台灣，連四季如春的台中都掉到冷颼颼的十二度，蘇伊誠拜訪完中部兩家再度合作的客戶，已經是下午三點多了，心想再去這家試試吧！沒想到總機一看到他，竟然跟他說：「董事長請你到他辦公室聊聊。」三天後伊誠偕同董事長孫無敵一同搭乘高鐵，特別到台中跟這家通路商的董事長一起用餐，洽談後續的合作。

孫無敵深知是自己過往服務顧客處理得不妥當才丟掉了這個客戶，所以對蘇伊誠能夠把客戶再追回來也感到很好奇，兩個人在高鐵商務艙上就聊了起來。蘇伊誠說他其實是死馬當活馬醫，當他知道曾經發生的不愉快後，其實一度也想放棄，但看到這麼大的客戶就在眼前，說放棄實在是心有不甘，所以儘管每次前去都會被「洗臉」，但還是一次又一次的去敲門。

三天前那位通路商董事長竟然主動願意見蘇伊誠，蘇伊誠自己也嚇一跳，對方見到他的第一句話是：「我從來沒見過這麼厚臉皮的業務。」因為董事長發現，蘇伊誠就算吃了閉門羹，總還是笑笑的離開，不曾看過他沮喪或生氣的表情，慢慢的董事長對蘇伊誠產生了好奇心；他說「伸手不打笑臉人。」他甚至表示：「多希望自己手下也有像蘇伊誠這麼厚臉皮的業務……」講到後來董事長和蘇伊誠都忍不住大笑了起來。

對一般人來說，**令人笑得真誠的關鍵字，其實就是「錢」**。蘇伊誠說，因為大學畢業欠了三十幾萬的學貸，學長便介紹他到同一家房屋仲介當業務，一開始挫折感真的很大，很想離職，但一想到學貸的償還壓力，只好忍了下來，每天過著不快樂又憂鬱的生活，直到有一天，他拜訪了住在信義計畫區豪宅的屋主。

這個屋主看到蘇伊誠憔悴的樣子便主動聊起她的人生，講到自己因為幫前夫做保背了一千多萬的債務，自殺被救回後，便決定好好的過生活。

大姐教蘇伊誠，不管遇到多麼大的挫折，只要聚焦在「錢」，不要只記得不愉快的事，就能擁有笑容。「**微笑是對付困難與不幸的最好不武器，真正堅**

強的人是笑看世界的。」老天爺總會對笑臉迎人的人伸出援手。大姐也跟蘇伊誠承諾，等到蘇伊誠作得到隨時笑臉迎人，就算自己的房屋已售出，也會介紹其他客戶給蘇伊誠。果然這個大姐後來介紹了好幾個客戶給他，成交了好幾筆的大業績。

寧笑呆不耍酷。很多人不喜歡笑的原因是因為怕被笑很呆，其實我們每天看到形形色色的路人從我們的身邊走過，你會喜歡面無表情、一臉酷樣的人？還是保持微笑、熱情洋溢的人呢？更何況皺眉頭需要牽動三十五條肌肉，但微笑卻只要十七條，你有什麼理由不保持微笑呢？

零距離溝通講堂

Q 萬一自己保持微笑，但對方依然擺了一張酷臉，那不是很糗嗎？

A 家泰老師建議：

這是很多人不敢保持微笑很常見的原因。但我們先捫心自問：我們會因此而有任何損失嗎？當然不會。也許會覺得很糗，但相較之下是哪一方比較沒禮貌呢？當然不會是我們。

更何況人緣好的人一定多數時間都是微笑，既然對方的損失比我們大，那我們是不是可以笑得更燦爛呢！

3

如何讓握手和眼神交會幫你加分

宋桀修和其他銀行理專的背景很不一樣。國小四年級母親丟下他和妹妹不知去向，靠著父親打零工養活兩兄妹，然而桀修非常的疼愛妹妹，所以國中畢業後為了減輕家裡的負擔，好讓工資微薄的父親可供妹妹繼續升學，自己放棄優異成績的升學機會去唸建教合作的高職，又靠著自己的努力考上私立大學，一直以來都是半工半讀完成學業，所以相對一起考進銀行光鮮亮麗的同梯，桀修顯得有些土裡土氣。

但沒想到其他同梯都陸續離開了銀行，桀修反而靠著自己的努力，一路從櫃員轉進初階的理專，到現在服務的客戶，很多都是上櫃公司的董監事及兩岸奔波的台商。杰修經營客戶和開發客戶的策略，和一般理專窩在冷氣房打電話的方式不大相同。桀修喜歡跟客戶一起參加活動，不論是高爾夫球、爬山，還是參加社團，桀修靠著「公私不分」的作風，讓很多客戶死忠的跟著他。

三十年前銀行是商學系學生搶破頭的鐵飯碗，現在銀行則是不折不扣的艱困行業，尤其是第一線背負極大數字壓力的理專，是離職率最高的職務。甚至，現在走進銀行就會發現一些理專的位子都是空的，這行飯真的不好吃啊！

桀修的業績不止在分行是第一名，在全公司的評鑑也都是前十名的常客，於是分行經理常拜託桀修幫新人做教育訓練，希望可以把這些資淺的理專訓練得跟他一樣。

上完課，桀修發現有個男生任以庠一直欲言又止，桀修便把他留下來聊天，才發現以庠跟他都是單親家庭長大。基於同理心，桀修決定多幫以庠，便要求以庠星期六晚上一起參加社交活動。到了餐廳，桀修馬上施以機會教育：

⊘ 握手的五大禁忌

1. 手套或太陽眼鏡沒拿下來

冬天有些女生禦寒會戴手套（與衣服搭配的蕾絲手套例外），夏天則有些人要酷，進了室內也不把太陽眼鏡拿下來，這時候如果跟對方握手，是一件很不禮貌的事。

2.另一隻手放在口袋

對方如果一隻手放在口袋跟你握手，那感覺好像很不情願跟我們握手或故意擺架子，都會讓人感到很不舒服吧！

3.面無表情或囉哩八唆

握手是一種社交禮儀，代表的是歡迎、高興與熱情，如果面無表情的伸出手，對方肯定會很尷尬。還有一種人剛好相反，抓著對方的手天南地北的說個不停，不管對方是不是想聊，也不在意對方已露出不悅，還是自顧自的囉唆下去……

4.剛剛拿過冰的飲料

天氣熱的時候大家都喜歡喝冰飲，我們的習慣都是用右手拿，這時候如果對方跟我們握手，而杯子上的水一定會沾在我們的手上，萬一對方跟我們握手感覺到我們的手是濕的，一定很不舒服，就算我們來得及擦乾手，也是冰冷缺乏熱情，所以最好養成習慣，讓左手拿冰的飲料。

5.如果不方便握手，委婉的告訴對方

有些人容易出手汗，這是體質問題，又或者手剛好受傷不方便握手，第一時間跟對方致歉告訴對方原因，相信每一個人都能諒解。

握手是社交禮儀的第二關，千萬別因自己冰冷的小手讓對方誤以為我們是冷血、缺乏熱情的人。

艾韋和璇媚是一站式婚禮服務顧問公司的兩個漂亮寶貝。很多人第一眼看到唐艾韋都說她是有著漂亮臉蛋的混血美女。艾韋總是氣憤又無奈的說，她遇過不知道多少次新人來看婚紗之後，男的竟然事後找機會跟她要line或是手機號碼，甚至直接要約她吃飯看電影都有，讓她對男人實在是很沒信心，也因此，儘管交往三年多的男友一直很想結婚，但她一想起遇到的狀況，就讓她對婚姻信心缺缺。

另一個漂亮寶貝洪璇媚，其實是老闆的獨生女，但她一直很低調，只有極少數的員工知道。

璇媚父親的本業是進出口貿易，目前公司由二哥擔任副總經理，接手主要業務，因為璇媚的大哥對攝影情有獨鍾，好在洪董個性開明，尊重每個孩子的選擇，這家婚紗便是洪董投資、由長子經營。而璇媚在日本學的是服裝設計，畢業回台後，便主動表示想去哥哥的店裡學習跟客戶的互動，為以後創業做準備。

兩個漂亮寶貝同樣面對客戶，艾韋的困擾卻很少發生在璇媚身上，雖然艾韋潔身自愛，從來不會給這些男人私人的聯絡方式，更不可能跟他們出去吃飯約會，但或多或少還是影響到自己的業績以及店裡的生意。

璇媚的大哥便給了她一個任務，請璇媚好好了解艾韋為什麼老是會遇到這些爛桃花。璇媚只好利用機會仔細觀察艾韋與客人的互動，但觀察了兩個星期還是一籌莫展，只好跟自己的男朋友Tony吐苦水求救。Tony分析有可能是因為某些事同性之間不易察覺，便自告奮勇要幫女朋友的忙，然而璇媚心中有所顧忌，因為她也很怕Tony會像那些男人一樣，被艾韋電到。

但璇媚是聰明的女孩子，她覺得如果Tony這麼容易被電到，與其到時自己更傷心，倒不如利用這個機會試探Tony，說不定一切只是自己多慮，便跟哥哥商量讓Tony來店裡幫忙。

結果Tony才觀察了三天馬上就找到答案——原來艾韋有一個自己也不知道的習慣，左眼的眉毛常常不經意的挑眉，如果剛好心猿意馬的男性又坐在她的左手邊，就很容易會錯意，以為艾韋在暗示他。

原來連眼神交會，都有大學問啊！

眼神是人際交往中最基本的傳達方式之一，可以用來傳遞情感、意圖和興趣等信息，對於建立良好的人際關係至關重要，但「水可以載舟，亦可覆舟」，在進行的過程中也有許多技巧。

1.不要太過刻意：注視對方時不要讓自己看起來太過刻意，否則會讓對方感到不自在和困擾。注視對方時不要直視對方眼珠，會令對方有壓力，建議可以看著對方的眼珠、額頭、鼻頭為中心點所連結出的菱形區域。

2.適當的時間：注視對方的時間不宜過長或過短。注視時間過長，對方可能會感到不適，甚至害怕；相反的，注視時間過短，則會讓對方感到不受重視或冷漠。因此，要注意注視對方的時間，通常注視一到三秒鐘即可。

3.適當的距離：過近會讓對方感到不適，過遠則會讓注視效果不佳。通常注視距離為一到二米較為合適。

4.注意姿勢：注視對方時，姿勢應該舒適自然，同時要注意自己的面部表情和手勢，讓注視更加自然。

5.尊重對方：注視對方時，要尊重對方的感受和隱私，不要過於侵犯對方的私人空間，也不要做出令對方感到不舒服或冒犯的行為。

家泰老師 tips

正視對方不等於盯著對方眼睛看。大家都知道與人交談看著對方的眼睛是基本的禮儀，但是我卻遇過有人就像測謊專家似的盯著我的眼睛，也遇過跟美女的眼神四目交會時的尷尬。那麼眼睛到底要看哪裡最妥當呢？

最簡單的方式，是依雙方的高度來判斷。如果對方比你高，你可以看對方的人中，如果對方與你高度相當就看鼻頭，如果你比對方高那就看對方額頭，這樣既能夠達到正視對方、尊重對方的效果，也不會讓對方感到太大的壓力。

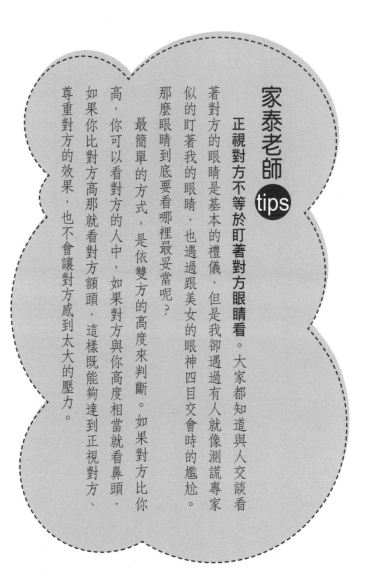

零距離溝通講堂

Q 萬一對方一直盯著我的眼睛看，我該如何應對比較恰當？

A 家泰老師建議：

假設兩種狀況：

一、對方是不認識或不熟識的人，我可能會請教他：「您是不是覺得我們在哪裡碰過面？或覺得我像哪個人是嗎？」再看對方的反應來決定應對。

二、如果對方是熟識的人，我可能會請教他：「您是不是有什麼事想跟我說？」與其自己懷著揣測不安的心情，倒不如直接主動出擊，才能化解尷尬。

4 這樣自我介紹最吸睛

「美麗的相遇，也有分離的結局；快樂的行程，也有停歇的時候；保留風景的記憶，雖離去也曾美麗。」鄭筱湘別出心裁，用很有意境的方式先唸了一段新詩，在大家都很有感觸時，才接著說：「大家好！我叫鄭筱湘，朋友都叫我小湘，大家只要聞到香味就會想到我小湘，詩情畫意的小湘。」

「從小到大很多人都叫我明星花露水。」這句話才說完，很多人都笑了，「不過我是甜蜜蜜的明星花露水，因為我姓唐，很有氣質——品茗飲茶的茗，草頭芯——唐茗芯。記得喔！看到明星花露水就會想到茗芯，吃糖的時候也要想到唐茗芯。」

翁芮鋃隨身攜帶變魔術的道具，每次需要自我介紹或遇到尷尬的時刻，他最擅長的就是拿出一張白紙，然後折成一個小方塊，接著請在場位階最高的人或者找個美女，對這個小方塊吹一口氣，再唸個咒語。噹！小方塊瞬間就變成了一千元台幣的鈔票。雖然翁芮鋁這個小魔術不知道已經玩過多少次了，但每一次都很有笑點。

陳宧廷很有活力的問：「大家希望身體健康嗎？」大家回答：「希望」；接著又問：「大家希望提高免疫力嗎？」大家一樣大聲回答「希望。」又問：「現在，請把你的左手打開，用右手大姆指與食指用力按左手的大姆指。」一聽到對自己的健康有幫助，又這麼容易就做得到，大家馬上都跟著按了起來，有的人還問旁邊鄰居：「為什麼我都按不痛？」這是按摩達人陳宧廷讓大家印象深刻的自我介紹法。

姜杏璇一上台就喊了一句Slogan：「美麗無價，優惠有理。」接著把手上一疊的優惠券和試用品發給大家，「我的朋友都叫我小璇，我的名字是姜杏璇。在這個競爭激烈的環境，擁有青春美麗的外表是比較占優勢的，所以我最喜歡做的事就是讓我身邊的朋友保持青春和美麗，祝大家越來越年輕。」

自我介紹應該是很多朋友最害怕的事情之一，尤其現場若有十人以上做自我介紹，越後面上台的人心情越不好，因為前面的人大概都已經把聽的人的興致給磨光了。

我常常在演講的時候說，如果妳不是林志玲，妳是哪間學校畢業的大家不感興趣；如果你不是劉德華，你的興趣專長除非很特別，否則大家也不想知道。然而我聽過的自我介紹大多都是流水帳，既缺乏創意特色，不是像阿嬤的裹腳布又臭又長，要不然就是簡單到不知道他介紹了什麼。那麼到底該如何有效的做好自我介紹呢？

家泰老師tips 找到自己的亮點

1.不論是利用自己的名字還是工作，又或現在很流行地先變一段魔術，還是先唱一段歌曲……，都是可以讓人留下深刻印象的方法。

2.工商業繁忙的社會，大家都只對跟自己有關的事情才感到興趣，除非你能夠將話題轉變成大家會有興趣的事。

3.不論是變魔術或說笑話，請記得一定要熟練了才使用。如果可以也不要一招半式闖江湖，否則萬一在變魔術的過程中突槌了，又或者笑話的起承轉合拿捏得不好，最後還要大家陪笑，反而變成了反效果。

零距離溝通講堂

Q 輪到我要自我介紹時，聽的人都已經意興闌珊、注意力不集中，我該如何處理？

A 家泰老師建議：

這確實是一個挺尷尬的情況。孫子兵法云：「攻其不備，出其不意，此兵家之勝，不可先傳也。」如果您覺得這是個必定得把握的機會，不妨大聲的唱歌，或做出出其不意的驚人之舉，都可以把大家的注意力吸引過來。

但最重要的是，當您把大家的注意力吸引過來之後，您可以給大家什麼，這才是最重要的。

5

千萬不要用負面語言開場

以抱怨、負面語言做為聊天話題，非常糟糕。光和這種負能量滿滿的人見面聊天就覺得累。

Maggie是新竹一家上市電子公司的總機，柯煒翔是電子商務顧問，因為常常跑Maggie的公司日久生情，交往不到一年就結婚了。忙完了惱人的婚禮，小倆口就飛到夏威夷去渡蜜月。

因為懶得規劃行程，便參加了一家大旅行社的團，參加這個團的旅客也多是夫妻或情侶。在機場為了調整飛機上的座位，Maggie和一對五十歲的高姓夫婦稍微聊了一下，很巧的他們剛好也住在板橋，不過進了海關上了飛機，大家都閉目養神，沒有機會再聊天。

隔天早上小倆口手牽著手在Waikiki海灘散步，渡蜜月浪漫的感覺，讓人覺得連從太平洋升起的太陽都變得柔和許多，加上空氣中夾雜著海洋清新的氣息，讓人感覺更為舒爽。

下午太陽比較大，旅行社便安排旅客逛街購物，到夏威夷最大的名牌大賣場——瓦柯雷暢貨購物中心（Waikele Premium Outlet），讓大家盡情的購物。Maggie到喜歡的Coach和Guess購物，這裡的價錢比市價低很多；煒翔其實是意興闌珊，但為了不想掃Maggie的興致，還是假裝興致勃勃的陪著Maggie去逛街。

晚餐則是安排搭乘夏威夷非常熱門的黃昏愛之船，隨著愛之船慢慢的離開岸邊，天色漸漸地暗了下來，海天之際的色彩絢爛繽紛，緊接著天上的星星一顆顆的探出頭來，導遊也招呼大家進到餐廳享用豐盛的晚餐，巧的是Maggie他們跟高姓夫婦坐在一起。

於是兩對夫妻一邊吃一邊閒聊，一聊才知道Maggie與高先生的居住處相距不過五百公尺。他鄉遇故知，幾人情緒一下子就熱絡了起來。

高太太和高先生原本都在同一家上市電子公司上班，一九九七至二〇〇三年的科技熱潮兩個人分得了不少股票分紅。後來公司獲利越來越不好，工作時間又長，兩個人慢慢的上了年紀，便辦了退休，在板橋開了一家寵物店。

煒翔雖然也跑業務，但說到聊天的功力，Maggie才是高手，所以雖然是四個人聊天，但煒翔一直是話最少的。直到聊到最近科技業的發展趨勢，煒翔終於抓到機會可以好好的表現一下，聊著聊著煒翔談到最近與一家公司合作，妙的是這家公司的副總高先生高太太也剛好認識。

但一聊到這個副總，煒翔的語氣就不大友善了，一會兒說對方人品有問題，一會兒又懷疑他有收取其他廠商的好處。煒翔越說越激動，口沫橫飛，完全沒有注意到Maggie的暗示，更沒有發現高先生和高太太表情的變化。

等到高太太很不高興的放下刀叉，兩個人一起站起來走了出去，煒翔還愣愣的坐在那裡不知道發生了什麼事？

Maggie趕緊追上兩個人一直賠罪，大約十五分鐘後Maggie一臉不開心的坐到煒翔對面：「你真的是管不住舌頭的傢伙，我一直跟你暗示不要再說了……」「有嗎？我怎麼都沒注意到？」煒翔委屈的說。

「你當然沒注意到，你說得口沫橫飛什麼都不管了，哪可能注意到我？高太太之所以這麼生氣，是因為你罵的那個人就是他弟弟啊！」

家泰老師tips

「人」是人際關係中最複雜的部分。有一次我跟一個前輩約喝咖啡，到了咖啡館，看見前輩旁邊還有一位朋友，於是前輩便介紹我跟他認識，彼此換了名片時，我本能反應的說：「貴單位的XXX我跟他很熟。」當下這位朋友馬上拉下了臉，我心想不妙，我的朋友一定跟他有很深的恩怨，當然，我也不可能跟這個人成為朋友了。

所以，**要先搞清楚關係再聊事情**。人與人的關係有親疏遠近、愛恨恩怨，絕大多數的機會我們並不清楚人與人之間的關係，甚至也無法從表面的互動輕易察覺深層的情緒。所以為了避免讓自己踩到人際關係的地雷，批評固然不妥，太快展現關係，當然也不是安全的做法。

蘇瑾華是一家食品公司的法務專員，唸法律又是天秤座的瑾華，其正義感常讓她在人際關係上吃一些小虧，尤其是在她唸國小的時候，父親因外遇和媽媽離婚，讓她對男人出軌的行為非常的敏感。

衛閔娜是瑾華的大學同學，也是手帕交。閔娜在一間線上遊戲公司當董事長祕書，而董事長剛好是某個社團的社長，閔娜當然就兼了這個社團的祕書。瑾華有次應好姐妹的邀請，前去參加這個社團的活動，捧個人場。

瑾華一百七十公分五十公斤，稱得上是清秀佳人，而美麗的女人總是容易吸引男人的青睞，許多社友紛紛過來換名片認識新面孔。坐在瑾華旁邊的是一家貿易公司的董事長，也是前社長，最近剛好有些法律的問題，便問了瑾華的意見，所以兩個人聊得挺愉快的。

話題從法律聊到電影，再聊到兩性，但不知道怎麼聊到男人的外遇，唉！一碰到這話題，瑾華就像鯊魚聞到血腥味似的，完全無法自制的批判著。

聚會結束之後瑾華跟閔娜一起走，閔娜問：「瑾華妳剛剛跟前社長聊了什麼？為什麼他跟我說下次不要找妳來？」閔娜邊走邊問，「沒聊什麼啊！他就問我法律問題，聊我們都欣賞的電影，後來聊到《致命的吸引力》這部片，我就把劈腿的男人罵了一頓；就聊這些而已呀！」瑾華越說越委屈，不知道自己哪裡得罪人了？

閔娜太了解瑾華了，於是說，「我就知道，大小姐！下次請妳控制一下，前社長正因為外遇問題，兩個月前才離婚而已，妳這一罵，他不火才怪！」

聊天時如何能抓住眾人目光？接下來我會陸續跟大家分享。首先，我們必須先避免犯以下的壞習慣，在不知不覺中說出來忍人厭的話。

1.愛講八卦：愛講八卦、喜歡聊沒有贏想的話題，容易引起他人的猜測和不信任，同時也會降低自己的形象和信譽。

2.批評他人：批評他人容易引起矛盾和紛爭，同時也會讓他人感到不舒服和受傷。在聊天時，要注意不要批評他人，而是要尊重他人的意見和觀點。

3.充滿負面情緒：充滿負面情緒的話題容易帶來負面的氛圍，同時也會讓他人感到不舒服和疲憊。

4.愛抱怨：抱怨容易讓人感到煩躁和不悅，不僅會讓自己變得消極和沮喪，久而久之朋友也會漸漸離你而去。

5.愛找藉口：找藉口容易引起他人的不信任和猜測，同時也會讓自己變得不可靠和不負責任。在聊天時，要嘗試著清晰明確地表達自己的想法和意見，並避免過度解釋和找理由。

6. 誇大其詞：誇大其詞、浮誇的話語等容易引起他人的不信任和質疑，同時也會讓自己變得不可靠和虛假。在聊天時，要嘗試著清晰明確地表達自己的想法和意見，避免過度誇張和虛假宣傳。

7. 固執己見：固執己見容易讓人感到不舒服和不自在，同時也會限制自己的思維和想象力。

家泰老師 tips

人生十大易犯的錯誤：「大喜易失言、大怒易失禮、大驚易失態、大衰易失顏、大樂易失察、大懼易失節、大思易失愛，大醉易失德，大話易失信、大欲易失命。」

盡量不要用負面的語言聊天，尤其是批評與抱怨，一來容易把聊天的氣氛搞砸，二來很可能踩到地雷而不自知。

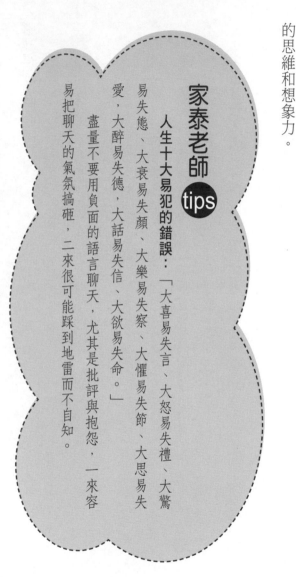

零距離溝通講堂

Q 請問老師，朋友常說我是直腸子的性情中人，好處是說話簡單明瞭、不拐彎抹角，缺點是很容易話說得太快而得罪人。我該怎麼改善比較好？

A 家泰老師建議：

天底下沒有不能改的個性，所以建議個性是性情中人，直率、不容易藏話和容易脫口而出的朋友，還是多以認同、讚美、請教和傾聽的方式表達，才能讓你的人際關係變得更好。

6

說話節奏飆車或龜速，都讓人抓狂

你可知道一般人的說話速度——一分鐘說幾個字嗎？你知道像張小燕、胡瓜等知名主持人，他們一分鐘說幾個字嗎？

趙薇菁和三位設計師朋友合夥開了一間室內設計公司，薇菁是在日本學室內設計，另外三位的風格也各有不同，在客人的口碑傳頌下案子接得還算順利，只是處女座性格的薇菁不但對事情的要求很細膩，而且事情常常都要思考得比較久一點才放心。

最近薇菁透過客戶介紹認識了一位新的業主紀祖鞍。紀先生是一間教學醫院的外科醫生，他很欣賞薇菁的設計風格，第一次聯絡，在電話上兩個人相談甚歡，便直接約了薇菁一個星期後到紀醫師位於美術館區附近的豪宅看裝潢。

薇菁不但專業能力沒話說，而且很專心的傾聽紀醫生對裝潢的期望與想法，雙方的溝通還算順暢。但正式接案後，問題開始慢慢浮現。紀醫生是個急性子的人，畢竟在外科手術室裡，除了事前的準備很重要，手術刀一劃下，萬事都必須精準且迅速的做出判斷。

所以那天在豪宅溝通之後，紀醫生常常一想到什麼，馬上就打電話和薇菁溝通，偏偏薇菁事事執著，要求完美，當下都不會直接給答案，而且講話又慢條斯理，可紀醫生說話卻又準又快，一分鐘三百個字，幾次溝通下來，紀醫生越來越不耐煩，最後只好解約。

你可能不知道，說話的速度跟一個人思考的速度成正比，換句話說，講話較有速度感與節奏感的人通常腦筋轉的速度也比較快，給人比較積極、行動力較強、反應快的感覺；相反的，思慮縝密、思考比較慢的人，說話的速度往往也比較慢。所以急驚風的紀祖鞍，遇上慢郎中的趙薇菁，就像兩個轉速不同的齒輪，怎麼也無法磨合在一起。

案子沒有談成讓趙薇菁有些沮喪，偏偏禍不單行，心愛的眼鏡晚上睡覺時，不小心撥到地上破掉了，只好再去配一付新的眼鏡。薇菁不捨原本的眼鏡，所以看其他的眼鏡都不是那麼喜歡，加上逛的幾家眼鏡行都是年輕人在招呼，經驗不足個性也比較毛躁，讓薇菁都沒有看到中意的。

終於在大勇路附近找到這家眼鏡行，眼鏡行的驗光師張鑫隆是這行擁有十幾年經驗的老手，他並不急著了解薇菁的需求，而是先跟她聊天，了解她為什麼要配眼鏡。談話中他刻意放慢自己講話的速度，當薇菁聊到她多喜歡原本的眼鏡，以及眼鏡壞了有多心疼時，張鑫隆都只是靜靜的聽，在適當的時機回應，而沒有給任何的建議。

但這樣的感覺讓薇菁心情變好，雖然眼鏡行裡沒有讓她非常滿意的鏡框，但沒了眼鏡很不方便，於是薇菁最後還是配了一付還算滿意的眼鏡，很開心的付了訂金。

讓自己的說話速度有彈性。

對於說話速度稍快的人來說，練習放慢語速是非常重要的。給予他人良好印象的語速是舒緩、從容的。另外，說話速度較快者在與說話速度較慢的人交談時，應保持禮貌，**不要急於打斷對方的談話，也不要急於回應對方的話語**。

我認為最好的說話語速是能夠隨著情境的變化自如調整語速，既能如連珠炮般帶動氣氛，又能娓娓道來深入交談。

雖然我們每個人都有習慣的說話速度，但仔細觀察你會發現跟你特別親近、熟稔的朋友，你們不但價值觀接近，思想與興趣相差不遠，其實連說話的速度也差不多。

換句話說，連說話的速度都可以物以類聚。但朋友畢竟可以選擇，可是在日常生活，尤其是職場裡，我們無法選擇必須面對的人，譬如說你的主管和同事。所以你可以想想看那些跟你不對盤的人，可能你跟他們從說話的速度就已經有差別了，那麼你可以怎麼做呢？

家泰老師tips

曾收聽廣播的朋友對以下這段話應該不陌生，「投資一定有風險，基金投資有賺有賠，本公司以往之績效不保證最低投資收益，投資人申購前，應詳閱基金公開說明書。」這段話總是非常清楚的在五秒內唸完，但你聽到的感受如何？覺得被尊重還是覺得敷衍？如果你的講話速度太快，小心你也做了基金管理公司一樣的事，那麼該如何讓自己說話的速度更有彈性呢？

1. **平常可以拿碼錶多練習。**
2. **先了解對方的說話習慣。**
3. **找專家協助：**多上一些課程也是不錯的選擇，課程應該能幫助你了解你的問題。

零距離溝通講堂

Q 請問老師，我朋友常常說我說話速度太快，以致有些話還沒有聽清楚就講完了，常常被人抱怨，我該如何改善呢？

A 家泰老師建議：

天下無難事，只怕有心人。過去我自己就是說話速度太快的人，但為了讓我講課的時候可以更清晰，我開始不斷的自我提醒，久而久之說話的速度就會比較有彈性。

我也曾經聽過一個朋友說，他原本會在講話的時候習慣在句中插入一個字的國罵，他的女朋友非常不喜歡，有一次就對他下最後通牒：如果再讓她聽到他說三次國罵，二話不說就到中山北路Louis Vuitton的旗艦店「任她挑選」。

結果這位朋友很驕傲的跟我說，他連一次都沒被女友抓到，就戒了。可見得如果有強烈的動機，改變說話的速度，真的並不難。

7

讓對方覺得自己很聰明

沈蔓青在台中市五權路上一家連鎖洋酒門市當店長，能夠當到店長，對酒類具備一定程度的專業知識，所以一般而言，客戶如果沒有明確的想法，都會聽聽店員的建議再採購。

沈蔓青不但酒類的專業知識深度夠，而且人長得漂亮、聲音很甜美，服務又到位，讓她累積了不少的客戶。

這天店門口停了一輛BMW 5-Series的紅色休旅車，下來了一位四十多歲的男性，黑襯衫與白色牛仔褲，俐落有型的紋理飛機頭，下巴蓄著鬍鬚頗有型男的模樣，讓蔓青看得有些心動。不過對方一開口就洩了底，原來他檳榔吃太多了，牙齒又黑又黃。

「小姐，以前沒看過妳，妳是新來的齁！」一開口就不是太有禮貌，讓蔓青更是洩了氣。但她畢竟是專業銷售，在公司一定把客戶放在第一位，自己的感覺往後擺。蔓青笑了一笑說：「對呀！我該怎麼稱呼您呢？」心裡卻想，「你沒看到我的名牌上寫著店長嗎？」

「妳叫我廖總就好了。小姐，妳賣酒賣多久了？」蔓青心想：「這傢伙一定是想賣弄，既然如此那就讓你開心一下好了。」便用她甜美的聲音回答：「廖總，我想就算我賣酒的經驗再豐富，應該還是比不上您的專業。」廖總聽了笑得很大聲，果然這招還滿有效的。

接著廖總便很得意的說：「我紅酒喝了二十幾年，依我看，妳店裡最貴的酒還不到我家最珍貴那瓶的十分之一。小美女！我考妳一個問題：妳知不知道釀葡萄酒最重要的五個因素是什麼？」

蔓青心裡暗笑著：「考這麼簡單的問題，未免太瞧不起我了吧！」但為了滿足客人的成就感，她決定裝個傻，「我只知道葡萄、釀酒的技術和土壤，其他兩個因素我不想亂猜，要請廖總指導我一下。」聽到蔓青這麼稱讚自己，廖總更加開心的說：「還有地理位置和氣候。」

「那為什麼喝紅酒要配起司呢？」接著廖總問這個問題，倒是讓蔓青忽然不知道怎麼回答，還好廖總並沒有要蔓青答，就接著說：「因為紅酒裡有單寧

（tannin）。單寧的功能像防腐劑，所以紅酒普遍比白酒更能存放。可是單寧和口腔唾液的蛋白質反應後會產生苦澀的口感，讓紅酒不似白酒那般容易入口。」

「單寧不只在釀紅酒的葡萄皮和陳年的橡木桶裡面有，比較香濃的紅茶也會有苦澀的感覺，所以加了牛奶變成奶茶，就順口多了。所以同樣是乳製品的起司，就可以在喝紅酒的時候，讓單寧的苦澀變得比較柔軟與順口。」聽廖總這麼一說明，蔓青忽然覺得自己太驕傲、太瞧不起人。

廖總不給蔓青說話的機會，又繼續問。「妳一定知道法國勃根地（Burgundy）是紅酒迷不可錯過的聖地。但妳知道為什麼勃根地的紅酒品質這麼的好嗎？」

「以前我一直以為是因為葡萄的品種和釀酒的技術，一直到去年我到法國旅行，專程到勃根地去朝聖，聽說我到的那一天之前連續下著大雨。然後我看到工人把沖刷到山下的土壤又搬回到山上的葡萄園，後來當地的導遊才告訴我，土壤是勃根地可以生產最頂級紅酒的原因。當地再依據土壤、坡度和日照來決定酒的等級。」

廖總越說越過癮，連後來來買酒的客人，都忍不住靠過來聽廖總生動精彩的講解，還好一通電話，讓說得正興高采烈的廖總想起自己來的真正目的，幸好廖總對蔓青的服務讚不絕口，先問了能不能先寄酒之後，一口氣就買了二十箱單價$1200的紅酒。

出乎意料地，後來廖總也就成為蔓青的客戶之一了。

所以，**滿足對方的成就感才是重點**。與人聊天，成就感被滿足的一方通常比較快樂，然而很多人在意的是自己的成就感——蔓青如果當時不懂得裝傻，在乎的只是自己的感覺，那麼極有可能就錯過廖總這個既專業又大尾的客人了。

黃鍾俠是一家高級日本料理店的師傅，其實這家店是他的祖父辛苦創業的成果，不同於其他年紀跟他相仿、對接手家族事業很排斥的朋友，鍾俠小學時就主動要求父親帶他去魚市場挑魚，因此，不到三十歲學習日本料理卻超過二十年了。

鍾俠的父親一直很想把餐廳的規模擴大，於是透過關係，把某家頗具規模的日本料理大廚游阿燦挖角過來當行政主廚，希望這個主廚能夠將餐廳經營得更上軌道。

阿燦不到四十歲，就跟許多廚師一樣，都是因為小時候環境不好，家裡無力供學自己也對讀書沒興趣，才從餐廳的學徒開始做起。還好所在餐廳的老闆相當重視廚師的訓練與學習能力，阿燦雖然學歷只有國中畢業，但英日文的聽說能力都還不賴，所以新官上任三把火，他到任的第一件事，就是想提升餐廳廚師的專業能力，包括訓練小老闆鍾俠。

鍾俠知道父親辛辛苦苦的找來阿燦當主廚，他也認為憑藉阿燦曾經在台灣最大的高級日本料理店的經驗，可以把餐廳經營得更有制度，所以面對自慢的阿燦，鍾俠決定把舞台留給他，於是他跟其他的廚師坐在台下，聽阿燦每天講一個鐘頭的專業知識。

例如：日本人每年吃掉六十萬噸的鮪魚，占全世界鮪魚漁獲量的三分之一。鮪魚有五種，最昂貴也是最大隻的是黑鮪魚，一般可以長到三百公分、三百公斤。我們常吃的鮪魚生魚片其實是大目鮪魚，只有一五十公斤；而鮪魚罐頭用的是黃鰭鮪魚，也是全球消耗量最大的鮪魚。

阿燦完全展現了他的專業以及個人魅力，讓餐廳原本對「空降部隊」的他敵意完全化解。當然，阿燦後來也知道，其實小老闆鍾俠的專業程度一點都不輸給他，所以他對小老闆的氣度與胸襟也感到佩服，當然也就使出渾身解數，讓這家日本料理蛻變成長起來，並且經營得相當成功。

家泰老師tips

暫時把舞台留給對方，如果你想永遠獨占舞台，那麼為什麼其他人要幫你喝采？唯有當對方覺得自己的舞台越大，喝采聲越大，他才越會盡情的演出。

不用擔心自己會因此失去舞台，同在一個舞台上，當對方好，最終也會將舞台與你共享。1＋1大於2，你所獲得的會比原來多更多。

零距離溝通講堂

Q 如果對方真的覺得自己很聰明，反而不把我看在眼裡，怎麼辦？

A 家泰老師建議：

如果遇到這種狀況，剛好讓我們更了解對方是什麼樣的人。所謂路遙知馬力，日久見人心，遇到這種給他三分顏色，他就想開染坊的人，我們也正好跟他保持距離，等他不小心露出真面目，損失的是他而不是我們。

8

讓對方覺得自己是VIP

徐紫芊大學讀的是財務管理，大學畢業後跟同學留在高雄的銀行當理專一年多，後來因為媽媽身體不好，決定回台北重新思考自己的前途。

紫芊外型甜美，從小就愛漂亮，還曾經因為愛漂亮自己去學了美甲、美睫、彩妝，因此，在學期間，就有同學自己準備材料，請紫芊幫她弄得美美的。

紫芊心想既然如此，何不用自己的興趣和嗜好來創業？便拿出大學打工和上班存的三十萬，以及跟媽媽借的三十萬做為創業資金，經過三個月的籌備，終於開店了。但新莊輔大附近的美甲店就有十幾家，好處是有集客的效應，不愁沒有人潮，但激烈的競爭對初出茅廬的紫芊打擊也相當的大。

紫芋DM也發了，Facebook的粉絲團也做了……，試了許多的方法，開店前兩個月，除了同學和追求新鮮感的路人，生意清淡到一個月只做了十五個客人。

紫芋強迫自己冷靜思考，她回想在銀行當理專時是如何服務VIP（Very Important Person）級的客戶，於是決定改變策略與跟客戶的對話方式，開始強調自己的特色是VIP式服務：除了能讓每一個客人美美的走出去，而且保證設計獨特，跟眾人不同。為了這個大轉變，紫芋又花了不少錢讓自己進修，並向銀行申辦了青年創業貸款，借了二十萬，再添購一些新的設備。

改變後，第一個進門的客人是之前來過的何小姐。她很喜歡紫芋上次幫她做的指甲彩繪，但紫芋不急著幫何小姐設計，而是先與她聊平常喜歡穿什麼風格、款式的衣服？工作的環境如何？甚至吃飯應酬的場合如何？這些她統統幫何小姐顧慮到了，紫芋才開始彩繪。

這樣的貼心讓何小姐相當感動，她說做指甲彩繪好幾年了，以前都是挑好樣式就畫了，這是第一次真有量身訂做的感覺；手指甲彩繪之後她覺得非常的滿意，因此連腳趾甲也一起彩繪了。

前後花了六個鐘頭終於全部完成，何小姐非常的滿意，原想多付一點小費給紫芊，但紫芊拒絕了。紫芊對何小姐說：「如果您覺得滿意，就幫我多介紹一些客人。」原來在聊天的過程中，何小姐不經意透露出自己曾在制服酒店上班，紫芊心裡想，她的同事一定都很愛漂亮，且不希望自己的美甲跟別人一樣，所以決定用心好好的服務何小姐，創造口碑。

果然，隔天下午來了一個女孩子Kelly，說是何小姐介紹而來。紫芊不動聲色，一樣跟Kelly聊天，但Kelly因為時間沒那麼充裕，所以只先做了手指甲的彩繪，快六點，Kelly說要趕回家化妝，紫芊表示：「因為妳是我的ＶＩＰ介紹來的，所以給妳ＶＩＰ的服務，免費幫妳彩妝一次。」Kelly覺得很不可思議，不敢置信指甲彩繪還加贈免費彩妝服務？感動得直說真的有ＶＩＰ的感覺。

又有一次，紫芊已經熄燈打烊正準備關門，突然聽到身後一陣高跟鞋快速跑進店裡的聲音，她轉頭一看，是一個三十多歲的少婦，可能是夏天天氣熱，看起來有些狼狽。雖然紫芊今天接連幫三個客人服務，其實相當累了，但她不等少婦開口，就說：「沒關係，請進。」反而讓少婦感到很不好意思：「妳不是要打烊休息了嗎？」紫芊笑笑的說：「來我店裡的每一個客人都是ＶＩＰ，所以值得我為您這麼服務。更何況其他美甲店應該也都打烊了，您這麼急一定有原因，服務業就是應該把客戶的需求放在第一位。」

不用說，這些客戶都覺得自己得到了ＶＩＰ級的服務，因而變成紫芊的死忠粉絲，還介紹了許多的朋友來紫芊的美甲店。當然這樣ＶＩＰ的服務收費一定比較貴，可是她的客戶每一個都是心甘情願，死忠得很。

忘了補充，那幾位幫紫芊介紹很多客人的大戶，紫芊還在她們的價格上提供了ＶＩＰ級的特別優惠。

家泰老師tips

VIP就是特權

特權這玩意兒說來很有意思，骨子裡大家對特權好像都抱持負面的看法，其實那是因為自己沒有特權；可一旦自己可以享受特權，卻很少有人願意放棄。所以說穿了，人們對於特權真是「又愛又恨」啊！至於哪些話會讓對方覺得自己是ＶＩＰ，有享受到特權的感覺呢？

「這是我為您『量身訂做』的。」

「您是今天『唯一』的貴賓！」

「讓您『獨享』本公司的服務。」

「這是我們『ＶＩＰ』才有的優惠。」

「您是『第一個』聽到這個消息，『第一個』拿到這個產品，『第一個』享受到這道美食的。」

總之，只要讓對方覺得自己享受到「特權」了，或感覺到「占便宜」了，對方就會覺得自己是ＶＩＰ。

零距離溝通講堂

Q 請問老師，有沒有什麼訣竅可以讓對方很快就感覺到自己是VIP？

A 家泰老師建議：

這幾年VIP這三個字已經被浮濫的使用，譬如說銀行的金卡、白金卡，幾乎是很容易就可以得到，VIP已經泛濫到無法讓客戶有被寵愛的感覺。您不妨細細品味下一篇的建議，也許可以激發您更多的創意。

9 看似無聊的問題開場也超有梗

很多朋友都有跟陌生人不知道如何開場的困擾，因為不知道該如何找話題打開話匣子。

現在當安親老師不但要把孩子顧好，還有招生的壓力。何郁臻是安親班的老師，她在安親班不但有耐性，孩子們超喜歡，連很多爸爸媽媽來接孩子的時候都喜歡跟她聊上兩句，所以很多家長都是衝著郁臻，把家裡的孩子送到這家安親班。

前陣子颱風要來，中午來了一位專職的家庭主婦媽媽，郁臻一看到她便說：「蔡小姐，我實在是非常佩服妳耶！」

蔡小姐說：「有什麼好佩服的，我才羨慕妳又年輕又漂亮，哪像我都變成黃臉婆了。」

郁臻說：「才不會呢！我每天看這麼多來接小孩子的媽媽，很少有媽媽像妳這樣，每天都打扮得這麼亮麗。」

蔡小姐聽到郁臻這麼說，心底實在開心，因為她向來對自己的打扮品味都很有自信：「何小姐，妳不知道，女人一旦上了年紀不打扮，小心老公會有小三……」

郁臻說：「我最佩服妳的是，就算颱風要來了，走在路上的人頭髮衣服都被吹得亂七八糟，蔡小姐永遠卻仍這麼優雅，讓我好羨慕啊！」於是這麼一聊，就聊了快二十分鐘。

下午開牙醫診所的范先生來接孩子。

郁臻問：「范醫師，颱風要來了，診所休診了嗎？」

范醫生：「為了病人的安全和自己的安全，還是休診比較好。」

郁臻：「范醫生，你有沒有研究過颱風過後看牙齒的病人有沒有變多呢？」

范醫生：「妳怎麼會有這樣的好奇呢？」

結果，兩個人聊了十分鐘，最後得到了颱風後病人應該會增加的結論：因為颱風天大家窩在家裡吃太多零食，所以颱風過後牙疼的機會比較大……

郁臻就是這麼厲害，不管聊天話題多麼的一般，不論新聞被媒體炒得多爛，但她就是可以跟任何人輕易的聊上十來分鐘。

范雲義在彰化一間醫療器材公司當銷售，因為公司規模不大，銷售人員也不多，他既要跑醫院診所，也要兼著跑藥局，其實工作量相當的吃重。

不過，認識他的人都給他取了個綽號「小巨人」，因為范雲義只有一百六十五公分，還好高中和大學都是體操隊的選手，所以身材還不錯，加上長相也算帥氣，所以女人緣挺好的，尤其藥房裡的女藥劑師或老闆娘對他都有良好印象，於是他有了另一個封號：「師奶殺手」。

范雲義與這些婆婆媽媽最擅長聊的就是別人家的事，俗稱「八卦」。因為范雲義從小生長在女人堆，爸爸因為做國際貿易經常不在家，兩個姊姊三個妹妹加上他母親和奶奶，從小周旋在女人堆耳濡目染，他發現很多女人，尤其是生活圈在比較封閉的情況下，對於別人家的事總是顯現出無比的興趣。

於是哪家藥局的老闆有小三，哪家醫院的醫生和護士有婚外情，哪家診所最近的生意不是太好，甚至台中新開了什麼餐廳好不好吃……，從他的嘴巴裡說出來，總是可以滿足大家的好奇心。

不過小范很有原則，畢竟他只是用這些話題做為和客戶之間的潤滑劑，他不是記者，不需要鉅細靡遺說得太詳細，所以到底是哪家藥局、哪個醫生……就算知道他也不會說出來，總是講得含含糊糊、似有若無。

上個月小范結婚了，光是這些朋友就來了快二十桌，果然會聊天的人朋友特別多啊！

家泰老師tips

找到對方的興趣點。任何聊天話題如果對方不感興趣，就不大容易激起對話的動機，而變成有一搭沒一搭的聊，彼此也會變得很尷尬；但如何找到對方的興趣點，就有賴自己的觀察力了。

找到跟對方相關的利害點。如果對方不感興趣也沒關係，那就想辦法變成跟對方的利害相結合。人嘛！只要是跟自己利害相關的，誰的眼睛不睜大，誰的耳朵不豎起來！

下次與人聊天只要掌握這兩點，那些看似無聊的話題，也能聊個不停。

零距離溝通講堂

Q 請問老師，我覺得自己實在是不擅言辭，每次跟朋友們聊天都只會傻笑和點頭，那我該如何找到聊天的話題呢？

A 家泰老師建議：

如果自己實在不擅於言辭也不會找話題，與朋友們聊天常常插不上嘴，其實做一個傾聽者也是很幸福啊！只要能夠擁有好人緣，又何必介意自己話多還是話少，有時候硬插上兩句，但不得體，反而弄巧成拙了。

如何讓對方越聊越喜歡你

PART 2

• 想讓對方喜歡你，就聊他得意的事：
1每個人都有被崇拜的慾望。
2講對方得意的事令人眉飛色舞。
3當對方感到眉飛色舞就會喜歡你。

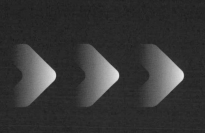

1

不要急於展現自己的專業

葉天愚有著令人羨慕的娃娃臉，在大安區的房屋仲介公司待了十多年了，但很多客戶常常問他：「你應該畢業沒多久吧！」剛入行的時候他非常在意這句話，但隨著年齡和經驗的增長，他覺得被買方當成沒什麼經驗，反而是好事。正所謂賣方怕嫩，買方怕老，當自己看起來比實際年齡輕很多，反而讓買方比較不會有防備之心，所以這幾年他的業績70％都來自銷售。

大安區的房價向來是台灣房地產的指標，尤其是仁愛路與敦化南路上，幾個燙金的豪宅門牌，更是許多富豪、明星、政治人物指名購買的標的。只不過這些房子在市場上的流通量也不大，正因為僧多粥少、供低於求，大安區的房價易漲難跌，但即便如此，葉天愚還是常常在帶看的時候，遇到天兵的買方。

五月已經像夏天一樣的酷熱，有一天店門口停了一部Porsche休旅車，葉天愚在大安區什麼名車沒見過，什麼樣的客戶沒打過交道，只不過這個客戶穿著黑色短褲、白色T恤和黑色皮鞋，又抽著雪茄，那模樣不止是怪，而是邪。

遇到這樣的客戶葉天愚已經習慣性的先不出招，果然這客戶一看到他就說：「你們店裡有沒有比較有經驗的業務員？」「先生，不好意思，我其他同事都去帶看或去拜訪客戶了，請問您貴姓？」葉天愚不慌不忙的回答，並且遞上了名片。「我跟你一樣都姓葉。」說完，並沒有打算拿名片給葉天愚，接著繼續說：「你去裡面拿三間仁愛路上，總價一億到二億的房子鑰匙，我們去看看。」

「真衰，遇到觀光客。*」葉天愚心裡嘟囔著，不過還是很認真的拿了三間房子的鑰匙，走出店面時這個葉先生已經上車了，而且招手要他坐在前座。上了車之後他才發現後座有一位大約三十歲的年輕女子，他直覺兩個人的關係不一般，還是別主動詢問。

一上車葉先生就開始講述自己投資不動產二十幾年，看過多少間房子，大

---

* 觀光客：房屋仲介從業人員喜歡把只看不買的客戶，稱之為觀光客。

安區的房子從一坪三十幾萬看到現在二百多萬，又說了曾經跟葉天愚店裡的哪幾個業務員買過房子，還說他們應該都是葉天愚的前輩，葉天愚聽到這裡差點笑出來，因為這些人不但都是他的後輩，而且幾乎都離職了。不過葉天愚還是很認真的聽了葉先生發表他對台灣房地產趨勢的分析，除了在需要回應的地方表示意見外，絕多數的時間都是葉先生講得口沫橫飛。

車子開了十多分鐘，來到新生南路二段大安森林公園的對面，一百六十坪開價三・五億的鋼骨結構豪宅，搭電梯的時候，葉天愚終於聽到葉先生叫了那個女生的名字，他才搞清楚原來他們的關係是父女，心裡頭也很慶幸自己沒有亂猜。

葉先生雖然看起來是老粗，但看房子卻很有一套，尤其是注重細節，先是問了屋主貸款的情況，又問了國小與國中的學區，葉天愚不但對答如流，也感覺到葉先生對自己的態度慢慢有了改變。

接著又看了一間安和路二段一百坪一・六億的電梯華廈，到了現場葉先生先問了是不是哪一家建設公司蓋的，接著說這家建設公司的老闆心術不正，他的房子我不買，連看都不看，調頭就走。

接著繞到忠孝東路三段，一百二十五坪售價一・八億，不過葉先生嫌這附近太熱鬧，這時葉天愚其實已經看出來葉先生很喜歡第一間，但他不想詢問，更不想積極的PUSH，而是花時間了解他買房子的動機。

後來得知原來她女兒前年結婚，可是今年初離婚，帶小孩搬回四維路的娘家，葉先生考慮到外孫長大需要更大的空間，以及找到理想的學區，所以想搬到大一點的新家。葉天愚很感動，但還是讓自己盡量保持情感的中立與客觀。

後來車子回到葉天愚的辦公室，葉先生跟著下車遞了一根菸給葉天愚，接著拿出自己的名片，葉天愚才知道，原來葉先生是某個上市科技公司的副董事長。葉副董深深的吸了一口菸，吐出來之後才開口：「葉先生，不好意思。我在看第一間房子的時候，就知道其實你相當有經驗，因為你非常的沉得住氣。我故意講那些已經離開你們公司的同事，就是想知道你是什麼樣的人，但你不急著展現出你的專業。」

「就算我問你問題，你也是不疾不徐，而且回答得相當到位。我相信你早就看出來我滿中意第一間房子，但你既不會像很多業務員用銷售話術促銷，反而比較關心我想買房子的動機。」

「你讓我很放心，我相信你的專業，更信任你的人品，不過那間房子三・五億太離譜了，你去問問看二・八億如果屋主可以接受，就成交吧！」

家泰老師tips

☆急於展現專業只會讓對方覺得你很無趣：

1. 當對方感到對你有興趣，專業才會有意義。
2. 要讓對方感興趣，先要讓對方喜悅。
3. 要讓對方喜悅，先要贏得好感。

零距離溝通講堂

Q 請問老師，萬一未能展現自己的專業，會不會讓對方覺得我的專業度不夠呢？

A 家泰老師建議：

台灣對於「專業」的認定比較狹隘，普遍認為對產品的了解越深越專業，以至於很多人鑽牛角尖，使用過於複雜艱深的專業術語，以至於消費者有聽沒有懂。又或者急於表現自己專業，而忽略了對方的感受。

其實，真正的專業在於理解對方的動機與想法，以及化繁為簡讓對方清楚的知道我們要表達的事，更何況任何的表達關鍵不在於我們說了什麼，而在於對方認為我們是什麼。只有對方心裡認同我們了，才可能把耳朵和心打開，才能達到專業傳遞的效果。

2

聊對方覺得得意的事

蘇荔芯、江彩悅兩人是高中和大學的同學，大學畢業後荔芯和學長去美國唸書，只是沒多久兩個人就分手了。畢業以後回到台灣，在外商銀行待了七年，辭了工作與一個客戶在師大夜市合夥開了一家PUB。

彩悅大學的時候就常兼職當show girl，畢業後想一圓明星夢，在模特兒經紀公司待了兩年，但發展得不是很好，便到保險公司當業務員。後來跟客戶認識不到半年就閃婚，只是婚姻維持不到兩年就離婚了。彩悅在職場一直不順遂，浮浮沉沉，而荔芯的PUB生意越來越好，也需要人手，就請彩悅來幫忙。

論外型，荔芯與彩悅各有所長，荔芯清爽俐落的短髮非常符合她率性的性格，唸高中的時候就是演講比賽的常勝軍，大三時更拿下學校的辯論比賽冠軍，口才不但流利而且邏輯思考能力特強，很多男生背地裡都叫她朝天椒，比喻她得理不饒人時的辣勁。

而彩悅就是典型的長髮美女，身高一百七十二公分的她，擁有勻稱的身材，穠纖合度的比例，不但爵士舞跳得很好，還會拉小提琴，大二參加大學小姐的選拔還差點當選。只不過大小姐什麼都好，就是脾氣拗了點，所以男朋友很少交往超過一年，而且畢業這麼多年後，個性還是沒什麼改變。

彩悅高挑美麗的外形馬上吸引PUB很多客人的注意，荔芯考慮到她沒有餐飲服務的經驗，就先讓她在外場學習，順便跟客戶哈啦，沒想到上班第三天，就跟一個客人扯上嗓門了。

這個客人叫Jimmy，是PUB的常客，聽說年輕的時候幫很多大明星伴舞，後來自己開舞蹈教室失敗，現在在一家舞蹈教室當老師。兩個人一開始聊得很投機。但聊到爵士舞時，Jimmy說爵上舞的發源地是法國，彩悅堅持是美國，兩個人互不相讓，爭執了起來。

荔芯太了解自己同學的個性，也知道彩悅不是故意，而且她相信彩悅以後在這裡一定可以如魚得水；只不過做生意，和氣生財，懂得跟客戶的相處之道，生意才會越來越好。

於是等到打烊，荔芯藉口最近太忙太累，想去按摩放鬆一下，硬拉著彩悅一起去一家二十四小時的SPA沙龍，兩個老同學在包廂才好講話。荔芯先感謝彩悅，說自從她來店裡幫忙，客人好像多了不少，而其實彩悅也知道荔芯想說什麼，便自己先道了歉，不過荔芯沒讓她繼續說下去，反而說起了自己在外商銀行的故事。

回憶起自己剛跑客戶的挫折，荔芯忽然有點哽咽了。

「那時候我的個性還相當的好強，自視也高，覺得自己好不容易喝了洋墨水回來，公司卻要我跑客戶，心裡覺得很委屈，前半年工作的情緒都很低落，一直想離職，當然工作績效就不好。

「我還記得那天是拜訪仁愛路二段一家貿易公司的董事長，這個客戶跟銀行往來一陣子了，而且金額不小。結果聊到我在美國唸的波士頓大學，對於大學裡有沒有醫學院，兩個人爭執了起來。我還上網查證明我沒說錯，讓客戶當場覺得很尷尬。

「我得意洋洋的離開客戶的辦公室，經理馬上打電話把我罵得狗血淋頭，說客戶要求註銷帳戶，資金全部匯走。」講到這邊荔芯停了下來，彩悅的眼角餘光看到她好像在拭淚。

兩個人沉默了大概一分鐘，荔芯接著說：「不過我最感激的就是這個經理，後來他開始教我怎麼跟客戶互動。他先問我那天去客戶辦公室，有沒有看到網球的獎盃？我說什麼獎盃？怎麼都沒注意到。

「經理表示他第一眼就看出我很有天分，但太傲嬌好辯，低不下頭，更不願意承認別人比自己好比自己強，所以這半年他刻意放任我四處碰壁，只是沒想到這次惹了大麻煩。

「然而，往好處想，這也許就是老天爺安排讓我徹底轉型的契機吧！經理問我想不想把客戶追回來？其實我真的不想，很怕被罵，更怕吃閉門羹，可是又不想認輸，只好硬著頭皮說好。

「於是經理就教我要如何跟這位董事長聊網球，請教他如何將事業經營得這麼出色，當然啦！我也是花了一段時間才重新得到這個董事長的認同。不過有件事妳一定猜不到——我們現在這間PUB的大股東，就是這位董事長。」說完荔芯跟彩悅兩個人會心一笑。

故事沒有說完，一年後彩悅在PUB披上婚紗結婚了，而且過得很幸福，聰明的你，想必已經猜到了這個幸運的新郎倌是誰了。

家泰老師tips

☆想讓對方喜歡你，就聊他得意的事，因為：

1. 每個人都有被崇拜的慾望。
2. 講對方得意的事令人眉飛色舞。
3. 當對方感到眉飛色舞就會喜歡你。

零距離溝通講堂

Q 請問老師，萬一對方不說，我要如何知道什麼是對方感到得意的事呢？

A 家泰老師建議：

確實不是每個人都喜歡把得意的事掛在嘴邊，所以聊天不是只有說，也需要開口問並用眼睛觀察。

您可以試著請教對方：「最近有哪些開心的事？」、「最近都忙些什麼？」、「能否分享您的成功經驗讓我可以學習……」，透過這些真誠的請益，就能使對方不經意的說出自己最近得意的事。

另外，若有機會前往對方的辦公室或家裡，千萬別只顧著聊天，眼睛一定要很敏銳的觀察，看看有沒有擺獎盃、獎牌或照片，一旦公開陳列，必然是對方在意與得意的事，都是聊天最好的素材，只要您好好的運用，保證與對方不但能聊得愉快，而且對您的印象一定大大的加分啊！

3 針對對方的內容，做適當的情緒反應

一個人懂得察言觀色，說話得體，除了少部分是家學淵源的幸運者，一部分則是天生具有敏銳的觀察力——大多數擁有這項特質的人，童年回憶不快樂居多。

宋芯宸，任職於外商銀行負責貴賓理財，凡是與銀行往來金額未達二百萬美金的客戶，她通常會交給其他同事服務。一百六十八公分的高挑身材，留著微捲的長髮，大眼睛常流露出無辜的眼神，很多女同事就算戴了假睫毛，都還比不上她自然的長睫毛，除了皮膚白皙，微翹的嘴唇增添了可愛俏皮的感覺。

但芯宸的人生際遇卻遠不如她外表亮眼。國小二年級爸媽離婚後，媽媽就不知去向，爸爸臨時被公司調職到大陸，不得已只好請芯宸母親的姐姐照顧

她。家境小康的阿姨家裡本來就有比芯宸還大的兩個女兒和一個兒子，家裡忽然多了一張嘴，雖然芯宸的爸爸固定都會匯生活費，但阿姨並沒有因為芯宸是自己妹妹的小孩而善待她。

國小時期的芯宸是個貌不驚人的醜小鴨，所以表哥與表姊不是不大理她就是欺負她。上了國中醜小鴨變天鵝，芯宸外表的改變，反而讓她的人生陷入更深的痛苦與恐懼。

兩個表姊嫉妒她，常常跟她們的母親中傷芯宸，更可怕的是表哥常常有意無意的觸碰她的身體。到了國二有一天她提早回家，竟發現表哥在她的房間翻她的內衣，從此每晚她總是再三確認門有上鎖了，才戰戰兢兢的入睡，所以她的心裡早有了離開這個家的計畫。

芯宸的成績相當優秀，唸台中女中絕對沒問題，但為了擺脫阿姨一家人，她偷偷的選讀了桃園的武陵高中。雖然是半工半讀，但芯宸非常爭氣的考上台北市文山區國立大學的外交系，畢業之後圓了自己的空姐夢，不但交了一個機師男友，也玩遍了許多國家，更重要的是在飛機上從服務經濟艙到頭等艙的乘客，芯宸學會了跟不同身分地位的人打交道。

當了六年的空姐，芯宸不想讓自己侷限在機艙狹小的空間，便辭了空姐的職務，和機師男友分手，人生重新開始。離開航空界之後，她的第一份工作是在投信公司賣基金，她的第一個客人就是她之前的機師男友邱采烽。

芯宸和邱采烽分手，除了因為她不再當空姐，最主要原因是她不想再隱忍邱采烽一直和一些空服員有曖昧。邱采烽其實最喜歡的還是芯宸，現在芯宸有求於他了，他便直接了當的表明，如果兩個人可以破鏡重圓，他還會叫其他機師也跟她買基金。

邱采烽說話的語氣半軟半硬，芯宸當然聽了很不舒服，可是她知道邱采烽的幾百萬存款一直都放定存，現成的客戶如果不能搞定，就算是其他客戶也未必會對她友善，因此芯宸決定用哀兵政策。

她太了解邱采烽了，所以決定滿足他想藉機報復，於是她說：「其實我不是不想跟你重新在一起，可是你看到我現在狼狽的樣子，跟以前亮麗的空姐相比，我現在配不上你。」芯宸一邊說一邊觀察到，邱采烽嘴角微微上揚，露出得意的表情。

「更何況如果被人知道了你吃回頭草，你在赤兔航空機師一哥的地位，豈不是要拱手讓人。」芯宸這段話讓邱采烽得意的笑了起來，不等芯宸開口便接著說：「芯宸，妳還是跟以前一樣人漂亮，話更會說，這樣吧！我先買一百萬，如果有賺錢我再加碼如何？」就這樣，芯宸非常辛苦的一個客戶一個客戶地拜訪。

唐羽灩是芯宸大學的死黨，大學的時候常常一起兼差當模特兒，但兩個人的人生目標不一樣，唐羽灩就是要把自己嫁入豪門。後來芯宸當空姐飛來飛去，慢慢的就和死黨沒那麼常聯絡；唐羽灩畢業第四年因為懷孕了，終於如願嫁給一家連鎖食品通路的第二代。芯宸因為飛歐洲，找不到人調班錯過了唐羽灩的婚禮，聽參加的同學說排場還挺大的，來了不少政商名流致辭。

兩個人再見面，是芯宸已經到投信的第二年，唐羽灩主動打給她，並相約台北六福皇宮的咖啡廳。芯宸一身俐落的上班族套裝，羽灩還是跟以前一樣漂亮，但增添許多貴婦的氣息，不同的是肚子微突，看得出來懷孕四五個月了。

姐妹淘重逢，難免從以前在學校的生活，到以前的班對現在誰結婚了，誰分手了，男的單身女的嫁人，聊的都是一些無傷大雅的八卦。雖然笑得很開心，芯宸的直覺告訴自己，羽灩應該不是為了單純敘舊而約自己，但她不動聲色，只聊羽灩提到的話題。

兩個人慢慢的從學校聊到了畢業以後的生活，芯宸發現羽灩談的都是結婚前職場的事，以及好奇芯宸當空姐的一些八卦和現在的工作，對於和先生怎麼認識以及婚後的生活，反而絕口不提。

芯宸大概能夠理解羽灩現在的情況了，腦海裡忽然想起唐朝詩人孟郊的詩，「公子王孫逐後塵，綠珠垂淚滴羅巾，侯門一入深似海，從此蕭郎是路人。」她之前就從其他同學口中耳聞，羽灩的婆婆嫌她沒有家世，而且第一胎生了女兒之後就沒動靜，這些壓力，恐怕也只能如人飲水，冷暖自知了，果然豪門的飯碗不好捧啊！

兩個人從兩點聊到五點多，羽灩說她雖然不用回家煮飯，但晚餐時間還是得在家裡。她忽然悠悠的說了一句話：「還是妳單身好。」芯宸假裝沒聽到，叫了服務生買單。這時候羽灩才摸摸肚子很開心的說：「昨天照超音波，醫生說應該是男孩。」芯宸一直不敢問的問題，終於有了答案。

「今天約妳除了聊聊心事外，妳知道我對理財真的是一竅不通。我老公在我戶頭存了幾百萬，我又不敢亂投資，所以只好找信得過的同學幫我規劃規劃，宋芯宸，妳應該不會都叫我買你們公司的基金吧！」說完，還吐了吐舌頭，做了一個鬼臉。

家泰老師tips

☆愉悅的聊天就是照顧好對方的心情——

1. 表錯情是相當尷尬的事。
2. 千萬不要把好奇當成關心。
3. 任何的情緒過了頭，就會感到肉麻不舒服。

零距離溝通講堂

Q 請問老師，該如何區分好奇心、說教和關心呢？

A 家泰老師建議：

其實好奇心和關心的差別，關鍵在於當事人的感覺，但還是有跡象可以分辨，譬如說，如果您的朋友手受傷，打了石膏吊著繃帶，這時：

好奇心是追問對方受傷的原因與過程。

說教是告訴對方要小心，身體髮膚受之父母等對方也知道的話。

關心問的是對方的傷勢是否嚴重？要多久的時間才能康復？

總之，把注意力放在「對方」身上的叫關心，反之則是好奇與說教。

4 多用鼓勵對方的話語

說到台灣的豪宅，絕不能不提到聚集了台商富豪、知名藝人，位於大安森林公園附近的「One Park Taipei信義聯勤」！

這家咖啡館就開在One Park Taipei信義聯勤旁邊的巷子裡，老闆Saul和太太Nadia原本都是證券業的老手，三十出頭就擁有超過五千萬的身價。不過二〇〇〇年網路泡沫造成全球股市崩盤，加上二〇〇一年九一一事件再補上一腳，兩個人決定看破股票市場的虛幻與紙上財富，離開證券業，嘗試做了一些事業投資，但都不是很理想。

於是每當兩個人心情不好時，就會煮一壺曼特寧享用，曼特寧的香、苦、醇厚飄散在客廳裡，就像兩個人曾經走過的人生一般。有一天Nadia忽然閃過一個念頭，兩個人既然都喜歡喝咖啡，為什麼不開一家咖啡館，做讓自己快樂，也可以讓其他人快樂的事？沒多久，第一家咖啡館就在上班族很多的台北市新生南路，靠近信義路巷子裡的小店面開幕了。

小店面只有五個位子，常常一不小心就滿座了，客人的抱怨逼得兩夫婦只好認真思考，搬到大一點的店面。看了很多房子，不是租金太貴就是店面太小，終於找到現在這個店面：老客戶的回流加上新客戶的口碑，讓店裡的生意慢慢的又好了起來。這其實有很大一部分，歸功於老闆娘Nadia的聊天功力。

譬如說有一天店裡來了一個新面孔的客人，招呼之後才知道是附近一所科技大學的教授，因為是第一次來店裡，Nadia花了比較多時間跟他聊天。教授聊著聊著，不免想展現一下他的專業，就問Nadia：「妳知不知道為什麼，便利超商非冰不可的飲料，像牛奶、果汁……多數是方形的容器？而不是像水、茶或可樂等，卻是圓形的容器？」

老闆娘先猜只是剛好約定俗成，教授說不對，要老闆娘再猜，老闆娘又猜：因為水、茶或可樂用圓形的容器比較好喝，牛奶、果汁則是方形的容器比較好喝……教授得意的笑說：「妳這是瞎掰。」

教授接著說，因為需要冷藏的飲料成本比較高，而方形容器的容量比圓形的大很多，所以同樣的存放空間，方形容器可以裝比較多飲料，這麼一來就等於把每單位的冷藏成本降低了。

聽完教授的解釋，老闆娘讚歎：「你好厲害喔！」教授聽到老闆娘的恭維，不免得意洋洋了起來。接著拿起桌上的開水杯和白糖包，又問了老闆娘：「像這樣的開水杯，妳覺得可以溶化多少的白糖？是半杯、一杯還是兩杯？」

這個問題又難倒了老闆娘，老闆娘先猜了半杯，被教授笑了「這麼小氣」之後，就不肯猜了，開始要教授直接講答案。教授說因為糖分子比水分子還要大，加上一杯的糖其實裝的比一杯的水還要少很多，所以一杯水可以溶解兩杯的白糖。這個答案真的讓老闆娘覺得很不可思議，驚呼：「你怎麼都知道？」

於是這位愛現的教授又連續問了：「為什麼北極熊沒有穿鞋子，腳底卻不會凍傷？」、「魚睡覺的時候是張著眼睛還是閉著眼睛？」、「為什麼有些湯要熱騰騰的才好喝？有些卻要冰涼才順口？」老闆娘雖然都不知道答案，但也持續以「你說的好有趣」、「你講的好好玩」……等鼓勵對方的口氣回應。後來教授只要有空，就喜歡來這裡喝咖啡，還帶了不少學校的老師和學生來這裡光顧呢！

有一次，我去上海授課結束後，從浦東機場飛回桃園國際機場。在飛機上，坐我旁邊的是一對母女，按照劃位我是坐在靠窗邊的位子。我看小女孩一直望向窗外，就問了小女孩想不想坐到窗邊？小女孩當然很高興的說好，所以換了位子之後，我變成坐在走道，旁邊坐的是小女孩的母親。

結果機長宣布原定十點三十分起飛的班機，因為天候不佳要延遲起飛，我心想反正也沒事，就跟小女孩的媽媽聊了起來。原來她的先生是台灣人，平常夫妻分隔上海和桃園兩地，這次利用小女孩放暑假，帶她去台灣找爸爸玩。

就這樣，我跟這個小女孩的媽媽，從十點三十分一直聊到十三點二十分飛機降落桃園中正機場。其實飛行途中我除了偶爾表示我的看法，大部分時間我都是「哇！」、「真的啊！」、「妳好厲害喔！」、「我要跟妳學習」……這樣的回應。

所以好人緣不見得是說出來的，只要你懂得鼓勵對方，再木訥的人也會一直滔滔不絕。

家泰老師 tips

☆越是鼓勵，對方就越感激：

1. 越是不擅長表達的人越需要鼓勵。
2. 鼓勵後如果對方沒有反應，請再接再厲。
3. 注意用詞及語調，別讓鼓勵變成壓力。

零距離溝通講堂

Q 請問老師，如果鼓勵對方之後可對方還是無動於衷，我該放棄還是繼續呢？

A 家泰老師建議：

這要看對方的心情而定，譬如說當對方心情不好就是想安靜，就不需要硬鼓勵對方一定要說話。但也有可能是因為我們鼓勵的方式不對，或不夠積極，以至於對方沒有強烈的感受到，這都是非常有可能發生的。

5 多用期待的語言附和對方

台灣早期資質優異的學生，擅長數學理工的最想唸醫科，將來當醫師，唸文法商的就是當律師、會計師；但物換星移，健保制度讓醫師變成過勞的行業；而律師與會計師也因為執照的大量開放，變成競爭激烈的紅海，很多擁有律師與會計師執照的人，其收入不比一般上班族好到哪裡去。

陳初錆在新竹某大學的法律研究所還沒畢業，就已經取得律師的執照，透過學長的介紹到台北忠孝東路一家法律事務所上班，負責一些案件的了解以及當事人的會談。初錆雖然知道現在「律師」的地位不若以往，但沒有想到挫折感還是比預期的大很多。

不是當事人對他不理不睬，就是想了解事情的來龍去脈時有一搭沒一搭，還有一位五十三歲的當事人，甚至大聲斥責他到底會不會當律師。這讓初鯖的挫折感逼近臨界點，他開始懷疑自己到底適不適合當律師，於是他決定去找當初建議他來這家事務所的學長。

這個學長其實大他十五歲，是在校友會上認識的。別的法律人是先當司法官、檢察官才轉到律師，但這個學長卻剛好相反，當了八年的律師才考司法官，所以對於律師的生態與作業，相當的熟悉。

他跟初鯖說了一句很重要的話，改變了他的心態：「唯有自己先放下當律師的驕傲和身段，當事人才可能好好的跟你合作。」於是這個學長寫了一些與當事人對話的教戰守則，讓初鯖帶回去好好練習及運用。

隔天初鯖要面對的當事人張總經理，因為和祕書外遇被妻子發現提告，而找上了律師。初鯖上網查相關資料的時候，才發現張總不但是上櫃公司的總經理，而且該公司的董事長還是張總的岳父。

四十多歲的張總照片看起來相當的帥氣，反觀張總的太太則是貌不驚人，這樣的組合如果是平凡夫妻，外人不會、也懶得去指指點點。但太太的爸爸是企業的負責人，這種情況下，就算張總是真心真意愛他的太太，還是會有一些好事者，言之鑿鑿的說，張總其實是貪圖太太家的事業。更別說他今天當上總經理，旁人往往忽略他的能力，只認為他因身為董事長的女婿，才當上總經理。

初鯖忽然覺得這樣的婚姻，是否無可避免的要在天堂和地獄之間擺盪？果然面見張總時，張總的態度一開始非常的傲慢，像穿上盔甲的武士；問到他和祕書的情況，不是一問三不知，就是語氣非常的不友善，顧左右而言他。初鯖盡量讓自己的情緒不受影響，而把學長教他的「結果呢？」、「後來呢？」、「可以告訴我嗎？」、「真的是這樣啊！」接在張總不友善的回答後面。

幾次問答之後，張總的語氣變得無奈與委屈，他感慨自己在公司的付出董事會視若無睹，公司下屬開始選邊站，總經理的決策沒有董事長背書，下屬總是陽奉陰違。夫妻從剛開始的恩愛到互相猜忌，兩個女兒也因為媽媽的煽動而跟他對立，公司上上下下只有甄聿（他的祕書）最懂他的委屈。到最後甄聿不但無預警被開除，還被說得很難聽。說到這裡張總已經趴在桌上，情緒崩潰的痛哭，這段時間以來的壓抑終於得到宣洩。

蕭珈竫Samantha是一家溫泉飯店的業務，主要工作是在北區拜訪企業，希望這些企業在辦理員工旅遊或教育訓練的時候，可以選擇這家溫泉飯店，特別是平常日以及淡季的時候。

這天珈竫搭乘捷運文湖線在西湖站下車，她今天的行程都在內湖科學園區的廠商，十點先約了洲子街一家儀器公司。這家公司的主要產品是各種測定機，員工80％都是男性，因為大學社團好友Alden在這家公司當銷售，透過他聯絡到職工福利委員會的總幹事Kate。

珈竫擁有一雙精靈大眼及好身材，但略嫌方正的國字臉和黝黑的皮膚，嚴格來說，珈竫只能算中等美女。還好她擁有一百七十五公分的高挑身材，讓她在人群中還是一眼就被注意到。

而Kate剛好相反，她是這家儀器公司的開國元老之一，五十多歲有著圓滾滾的豐腴身材以及一頭捲短髮。今日，Kate穿著深咖啡色的褲裝，Samantha一看到Kate，就很後悔今天穿的裙子太短，衣服太低。

果然Samantha很恭敬的遞上名片，但Kate似乎不打算給她名片就坐了下來，接著說：「其實我們公司今年沒有員工旅遊的規劃，如果不是因為Alden一直拜託我，我其實很忙，根本就沒空。」Kate一開口就下馬威，Samantha難免感到有些氣餒。

但既來之則安之，Samantha不想這麼快就認輸，因此決定拿出她的拿手絕活：讚美和請教。先是讚美Kate的職場經驗非常的豐富，Alden常常跟她說在公司最佩服的就是Kate，又說要跟Kate請教，如何讓自己在企業被重用。

幾段對話下來，Samantha發現每次只要說到Alden，Kate的表情就會出現像少女般戀愛的紅暈，Samantha直覺他們兩個之間的關係不單純，但又不宜太好奇。只是Kate每個段落說完，Samantha就會加上「我好想知道喔！」、「哇！好好奇喔！」、「真的好有意思」、「超級有趣的」，這些期待的語句，Kate就會又滔滔不絕的繼續說。

不知不覺都聊了快一個小時，Samantha想到她一開始冷冰冰的說「我其實很忙，根本就沒空」實在是很諷刺，不過遇到這種情況也不是第一次了，她早就習以為常。但Kate越聊越開心，似乎欲罷不能，Samantha因為十二點約了另一家科技公司的HR吃飯，只好跟Kate說抱歉。雖然Kate很想再聊，也只好說下次，今天聊得很愉快，並且說第四季公司的高階主管有個會議假期，請Samantha幫忙規劃一下，並且遞上一張名片，請跟她保持聯繫。

家泰老師tips

☆每個人都渴望被重視與期待，所以：

1. 注意語調，以免期待被誤會或懷疑。
2. 表達方式還是要跟自己的角色吻合。
3. 有些只是純粹寒喧的話題，要適可而止。

零距離溝通講堂

Q 請問老師，我已表達了期待的語言，可是對方還是不理不睬，這時候該怎麼辦？

A 家泰老師建議：

人與人之間的關係是非常簡單又複雜的，很多人為了提高自己的表達能力，投入很多金錢去學習，但極有可能學到的，都只是誇張的語言與花俏的手勢，其實這些都不如一個真誠的微笑。

保持微笑以及真誠的注視對方，不要有太高的期待對方一定會有反應，順其自然即可。也許一開始交談，對方還是冷冰冰地不為所動，但以柔克剛，您的誠意很快就會感動對方的。

6 開自己的玩笑，幽默無敵

有一次我到新竹講課，授課單位幫我安排車子接送。這位計程車司機姓錢，外型剛強，又綁了一個馬尾，看起來相當的瀟灑，說話也很風趣，一上車，我們兩個人話匣子就打開了。

錢大哥問我知不知道他為什麼綁馬尾？我說想耍帥吧！錢大哥笑笑的說，這是有故事的，「以前我都是穿襯衫打領帶，因為我覺得載老師應該不能太隨便。有一次我載一個老師去淡水講課，這個老師很年輕，只有三十歲吧！因為我想確認他下課之後要來接他的地方，便跟他一起走到那家公司，結果這家公司的接待人員把我當老師，把老師當助教，當場三個人都尷尬死了。後來我就開始留頭髮綁馬尾，免得又發生同樣的糗事。」

聊著聊著，我發現錢大哥車上沒有裝衛星導航，錢大哥就很得意的說他的腦袋比衛星導航更管用，但說完之後，表情有些尷尬的接著說，「不過有一次，開車載一個女老師去桃園一個還滿偏僻的公司講課，上課時間是晚上六點到九點，我記得當時是十二月，五點多天色已經有點暗了，加上又下雨，視線不是很好。

「我沒有用衛星導航，是因為我都會先在家裡上網，把路線規劃好。當天我很有自信，一直往這家公司的路上開。因為跟這個老師聊得太開心了，也沒有注意到路邊的標示，開著開著，路邊忽然出現了一大片的『夜總會』，因為我完全不知道會經過這裡，自己也嚇到了，而且下著雨，更增加了詭異的氣氛。女老師就更不用說了，一直問我是不是開錯路？

「你可以感受那種心情嗎？忽然覺得車上的暖氣都變成冷氣，冷不防還有狗在吹狗螺，女老師嚇到都不敢抬頭，聲音都有點發抖了，一直叫我調頭，說我開錯了。可是我知道自己沒有開錯路，就只好一邊安撫這個老師，一邊硬著頭皮踩油門，希望趕快離開這裡。

「還好大約開了十分鐘以後就到達這家公司，不過回程就不敢再走這條路，趕快換一條遠一點的路回台北。這是一個很特別的經驗。」

就這樣，聽著錢大哥的經驗分享，而且很多都是滿糗的事，兩個人笑得很開心！所以來回兩個多小時的車程，覺得時間過得很快。這位開計程車的錢大哥不但讓我感覺到他樂在工作，而且他會用幾個很冏、落漆的經驗，像說故事一樣，讓身為乘客的我感到賓至如歸，希望有機會再坐到錢大哥的車。

我有個朋友小湯，是某個旅行社的國內導遊，早些年專門接待中國大陸觀光客，很多大陸觀光客再次來台旅遊時，都會指定他當導遊，甚至希望日後自由行來台灣玩，可以當私人導遊。

小湯的本名叫湯堡錮，一百六十三公分、七十八公斤，有些矮胖，他都是這樣自我介紹的：「我叫湯堡錮，堡是堡壘的堡，因為我父親是職業軍人，他說他的軍旅生涯很多時間都在碉堡裡度過，所以我們家三個孩子中間的字都是堡。我又是老大，所以我父親覺得把固若金湯合在一起，就變成金字旁的錮，我又矮矮胖胖的，大家說像不像碉堡？」說完大家都笑了。

中午去吃海鮮大餐時，小湯又跟大家說：「我第一次帶團到北海道當領隊，看到北海道的帝王蟹、鱈場蟹，興奮得不得了，忘記自己是領隊，吃了好多螃蟹。結果晚上就拉肚子了，不得已只好跟導遊求救，結果導遊跟我說她帶北海道的團那麼多年，第一次遇到領隊因為吃太多螃蟹拉肚子。」說到這邊，大家又笑翻了，小湯接著說，「所以如果腸胃不是很好的貴賓，還是要建議您適量，千萬不要暴飲暴食，壞了玩興。」有了小湯這麼精彩的自我爆料，每個人都會自制。

到了第二天早上，大家在遊覽車上準備出發，小湯又說：「有一次我帶山西團，這個團在第一天，車子的雨刷就莫名其妙地壞掉了，只好換雨刷。第二天早上空調不是很冷，師傅**就覺得奇怪啦！明明車子都有定期保養，為什麼會無緣無故的出問題？

「沒多久，有一個大姐看到師傅的名字，忽然大叫：『我知道原因了。』她說因為師傅叫張政章，我叫湯堡錮，合起來叫『堡政錮章』，難怪車子一直有問題。所以昨天我特別看過師傅的名字叫游志雄，所以不會『保證故障』，大家可以很安心的享受這趟寶島之旅。」說完大家在一片笑聲之中，開始了一天的行程。

＊＊　中國大陸習慣稱司機為「師傅」。

家泰老師 tips

☆最高階的幽默莫過於自嘲，但幽默也要注意以下幾點：

1. 幽默和戲謔的差別在於適可而止。
2. 比較隱私的話題不適合開玩笑。
3. 如果會牽涉到別人，一定要顧及別人的觀感。

零距離溝通講堂

Q 我天生缺乏幽默感，不要說開自己的玩笑，我連講笑話大家都不會笑了，該如何展現幽默感呢？

A 家泰老師建議：

幽默感對華人而言確實是比較欠缺的。我會建議您多看一些和幽默感有關的書，尤其是跟老外學習。譬如說音樂大師蕭伯納有一天走在街上，一個婦人騎腳踏車撞到他，婦人拚命的跟他道歉，但蕭伯納反而安慰她：「妳運氣真不好，如果妳把我撞死了，就可以在歷史上留名了。」瞧！大師的幽默感，輕鬆的化解了尷尬，也值得我們好好的學習呀！

7

誘發對方的好奇心

台北火車站地下街聚集了許多模型店，所以也吸引了不少模型迷來這兒尋寶，但店家彼此的競爭也是非常的激烈。其中一家魔法屋老闆跟成龍的英文名字一樣叫Jacky，Jacky濃眉大眼，英氣勃勃，只不過Jacky的身高只有一百六十八公分。

Jacky把他的店面裝潢得就像魔法屋，因為相對而言比較有特色，客人的詢問度高，購買率也就不低。

這天Jacky的大學同學Ada休假來台北找他。Ada唱歌唱得很好聽，跟Jacky一樣濃眉大眼，有著栗色到肩膀微捲的直髮。這天她穿著灰色背心和粉紅色衣服的假兩件上衣和白色牛仔褲，加上故意戴個黑框的眼鏡，看起來還真像個學生。

其實Ada是來找Jacky訴苦的，她現在在台中五權西路一家旅行社門市上班。上班三個多月，業績一直很普通，所以背負著數字的壓力，感到很苦惱，電話上就跟Jacky述說她的問題，而Jacky也一口答應教她怎麼跟客戶互動，所以Ada特別搭了高鐵來台北找老同學。

Jacky讓Ada在店裡看他怎麼跟客人互動。沒多久來了一個戴金屬框眼鏡，穿著高中制服的男生，Jacky第一次看到這個客人，先不急著去招呼，大約觀察了十秒鐘才開口：「同學，你知道最近哪些模型詢問度最高？」高中生被挑起了好奇心，看著Jacky回答：「不知道耶！」但在Jacky的提示下，沒多久高中生拿了一個機動戰士鋼彈UC系列的模型，滿意的離開了。

接著又來了一些客人，Jacky察言觀色的能力真不賴，就算是因為一時好奇心走進來，本來只是逛逛或打發時間，也可能被Jacky的一個問題：「猜猜看，賣得最好的是什麼模型？」就打開話匣子聊了開來。Jacky說他的目的不是要客人一定要買，但客人走進來了，他就想讓客人對模型可以有多一點了解。

沒多久，一個看起來二十八歲上下的女生走進店裡，Jacky跟她打過招呼之後說：「妳知道男生最喜歡什麼模型嗎？」「男生喜歡什麼模型？」女生好奇的回問。Ada在旁邊聽Jacky跟那個女生的對話，才知道女生是來買男朋友的生日禮物，沒多久，女生拿了一個火車的模型，滿意的離開了。

等那個女生離開了之後，Ada問他，「你一開始就知道她是來幫男朋友買禮物的，對吧！」「對呀！因為女生喜歡模型的比較少，不過也是有例外，所以我通常都會用這個問題來吸引她的注意力。」

兩個人聊了很多以前在學校發生的事，也感慨歲月不饒人。Ada準備要回台中的時候，來了一個穿專櫃制服的女生，她跟Jacky沒有先客套的寒喧，Ada心裡想，應該是熟客了吧！只聽Jacky說：「妳知道妳今天哪裡最亮眼、最吸引人嗎？」Ada不想打斷他們的聊天，便跟Jacky揮了揮手，自己回台中了。

在高鐵上Ada想了很多，她覺得自己過去太急於跟客戶介紹商品，太急著想讓客戶付訂金成交，所以與客戶聊天這件事而言，她做得並不夠，更不要說勾起客戶的好奇心了。回到家，她一口氣寫了不少她覺得可以引發客戶好奇心的問題，準備隔天上班時運用。

隔天上班，台中中午過後下起了傾盆大雨，不要說門市生意門可羅雀，連馬路上逛街的人都少了許多。Ada的其他同事都在上網，Ada則拿起了昨天寫的幾個問題，反反覆覆的看了幾次，終於到了五點，櫥窗前站了一個三十多歲的男性，穿著合身的西裝和襯衫，夾著公事包，正拿著澳門的旅遊資料在看。

Ada跟他打了招呼之後說：「先生您好，您知道什麼樣的人最適合去澳門嗎？」這男的轉過頭來，對著Ada笑了笑說不知道，Ada笑說：「澳門最適合您這種平常認真打拚事業的人，可以用最少的錢享受最高級的服務，還可以試試您的手氣喔！」男生笑著問，「現在去澳門有優惠方案嗎？」Ada問：「請問先生，您貴姓？我們何不到裡面吹吹冷氣，我拿資料跟您介紹。」

接下來Ada跟一對年底要結婚的男女朋友介紹：「您們知道哪裡渡蜜月最浪漫嗎？」開啟了話匣子，最後兩個人決定去夏威夷；又用一句「享受孤獨最好的方法是什麼？」幫一位四十幾歲的單身女性上班族安排了一趟古絲綢之路單飛之旅：到新疆、青海暢玩十一天；一對夫妻帶了兩個唸國中的女兒，打算利用十月全家秋天去渡假，Ada問：「什麼時候去北海道最好？」打開話題，結果兩個女兒堅持要去北海道賞楓紅。

九點四十分門市準備打烊了，進來了一位五十多歲的女性，一副就是來者不善的態度：「你們這麼大的旅行社，怎麼都沒有特別一點的行程？都是我去過的，一點意思都沒有。」因為Ada今天連續結了幾個案子，另外兩個同事的眼神都暗示她：「妳去，妳去。」

Ada只好堆著笑容走了過去：「這位小姐，那您一定去過馬來西亞囉！」

「我從檳城玩到沙巴沙勞越，從離島玩到雲頂高原，馬來西亞我去到不想去了。」這女性說得非常的不屑。Ada不慌不忙接著繼續問，「那您覺得去馬來西亞一定要吃的食物是什麼？」那女子更不屑了：「那還不簡單，就是肉骨茶囉！」

Ada聽到這個答案，心裡一陣得意：「我馬來西亞的僑生同學常跟我說，來馬來西亞一定要吃馬來西亞才有的頂級榴槤貓山王，和一種冰叫煎堆。如果您沒有吃過，有沒有打算去享受我同學形容的天上美食？因為我也打算利用年底休假，去好好的品嚐一下。如果您有興趣，我可以幫您問問，哪裡可以吃得到！」

家泰老師tips

☆好奇之心人皆有之：

1. 每個人都有一顆赤子之心，更有好奇心。
2. 先找到對方關心的事情，再把敘述變成問句。
3. 當勾起了對方的好奇心，對方自然會對你的好感加分。

零距離溝通講堂

Q 請問老師，有什麼方法可以更容易勾起對方的好奇心呢？

A 家泰老師建議：

當然有方法囉！這個祕密武器就是讚美。

因為人被讚美的時候會散發正面積極的態度，對周邊的事務會比較容易產生好奇感，這時候就會比較容易想追根究柢唷！

8

如何真誠的安慰對方

越來越多人選擇Instagram、YouTube上搜尋以及發布資訊，在這邊可以看到很多有趣、無厘頭以及令人火大的對話。

曾經我看到一個在大陸發展事業的朋友發了帖：「兒子畢業了，我卻無法參加他的畢業典禮，心裡十分的難過與遺憾！坐在上海機場等飛機，吃著貴又難吃的晚飯。我給自己訂下目標，半年後一定要自己能掌控自己的時間，操之在己不要受制於人。」這是一個父親為了家庭離鄉背景，無法和家人相處的無奈心情，令人為之動容。

接下來一些朋友留言鼓勵，你覺得哪樣的說詞比較恰當呢？

第一位：「加油！為了家庭，暫時辛苦點是值得的，但是那只是過程，相信你會很快擁有自我支配的時間並享用自己的時間。」

第二位：「下次別在上海機場吃，或許就沒那麼遺憾了！哈……」

第三位：「生活就像是旅遊，重點並不是到了目的地，而是享受路程中的期望。賺了足夠的錢雖然能讓你快樂，如果中途失去了某些東西，卻不是足夠的錢能夠換回來的。」

第四位：「辛苦了。你的兒子一定能夠體諒你的無奈，並且打從心裡尊敬與愛他的父親。」

各位朋友，如果您是這位父親，看到這四位的留言，會有什麼感想？雖然四位的出發點都是想安慰他，但第二位的留言根本就是把無聊當有趣，令人反感，而第三位又流於說教，應該是第一和第四位的說法，讓人比較能接受吧！

另外有一個朋友發了一帖：「今天生病在家裡休息，因為身體實在太累了。之前我一直強迫自己，忍著身體的不舒服，還是到公司忙著老闆交待的事，但如果我因為這樣死了又如何？所以決定休假並看診！」聽得出來她身心都相當的疲憊，同樣的也有一些她的朋友回帖安慰他：

第一位：「早聽早覺悟就不會變成今天這樣，心疼妳才會責怪妳，好好休養不要再想任何事情，早日康復才是真的。」

第二位：「若妳死掉了，地球一樣轉，路上的人一樣快樂生活，但是你的家人與小孩怎辦？好好保重身體，公司不會因為你生病請假休息就倒閉的……」

第三位：「人生最大的財富是健康，沒有健康，一切加起來都是零。敬佩妳的專業，但每次上網都看妳留言很累，化繁為簡，做決策授權下去，或增加編制人員。不休息，上天會送你最需要的禮物——休息……」

第四位：「妳的老闆有妳這樣的員工，真是上輩子修來的福氣。」

您如果是當事人，看到這四個人不同的安慰方式，有什麼感覺呢？顯然一、二、三都流於說教了，尤其是第一位，像極了長輩的嘮叨，讓人不舒服。

從Instagram上觀察，我深深地感受到現代人真的不善於安慰人，那麼到底該如何表達呢？

又有一次，看到一位知名的企業家被媒體抹黑而發牢騷，接著看到很多人的留言：「清者自清，濁者自濁」，這話難道這位企業家不知道嗎？

又或者有人失戀了或離婚了，「天涯何處無芳草」或「下一個男人會更好」，這一類的話就不必說了。那麼，到底要如何安慰人最有效呢？

安慰別人這件事，看似容易其實大不簡單，首先要思考的是你跟對方的關係。

對於親近的家人或朋友，尤其越是親近、心靈相通的人，純粹的陪伴反而是最好的安慰，有時候安慰的語言反而顯得多餘，讓他知道他並不孤單就好了。但是如果你的好朋友比較情緒化，容易有歇斯底里的情緒反應，純粹的陪伴可能就不適用，你或許有在陪伴之餘還得有承受他的情緒，以及轉移他情緒的準備。

至於一般的朋友，安慰對方的目的未必是希望達到安慰的效果，更多時候代表的是「沒缺席」，就不需要刻意別出心裁的語言甚至行為來展現，正常就好。

「交淺不言深」這個原則很重要。安慰別人最重要的是同理心，去理解對方此時此刻需要的是什麼，而不是我想要給你什麼，明白了這一個關鍵，我們展現的態度才能剛剛好，才不會讓人覺得太矯情或冷漠。

下次要安慰別人前，先想清楚你跟他的關係吧！

家泰老師tips

☆安慰三大心法：

1. **絕對禁止說教。**最常見的就是把大家都知道的道理，又說了一遍。像前面提到的「清者自清，濁者自濁」、「天涯何處無芳草」，這都是讓人倒胃口的說教。還有一些朋友很熱心，會說出一籮筐自己的觀點，希望跟對方分享，但對方當下哪有心情聽這些呀！

2. **不要把滿足自己的好奇心當安慰**，還有一些人會在朋友遇到不順遂時，採取的關心方式是，一直詢問這件事為什麼發生，一直不斷的問問題。說實在的，對方心情已經很不好了，還要回答這類的問題，彷彿把傷口又掀開來，讓對方再次感受一次疼痛。

3. **安慰人一定要站在對方的立場思考，尊重對方的感覺**，有時候最好的安慰，就是拍拍對方的肩膀，坐在他的旁邊，純粹的陪伴，也是讓人感到窩心的。

零距離溝通講堂

Q 請問老師，萬一遇到朋友想安慰我，結果變成說教，我要如何暗示他，否則還真是痛苦啊！

A 家泰老師建議：

其實這些朋友都是好意，但有些人就是熱心過了頭，拿捏不準分寸，有時候甚至會滔滔不絕的講不停；萬一自己心情不好，真的很想把對方的嘴巴用膠帶貼起來。

這時候如果有第三者，不妨跟第三者暗示，請他幫忙岔開話題。如果只有自己，在暗示無效的情況下，那我會建議用接電話或尿遁的方式來中斷，否則越安慰心情越糟，那實在是挺痛苦的。

9 遇到喋喋不休又沒重點的人

Alan是台中一家髮型工作室的設計師。這天下午三點來了一位預約的新客戶洪太太，Alan對於形形色色的客人，早已練就火眼金睛。眼前這位洪太太大約一百五十八公分，六十公斤左右，大約五十歲捲短髮，嘴巴的口紅是非常鮮豔的紅。Alan心裡忽然有種不祥的預感，果然……

「Alan，你有沒有養狗？」Alan說因為工作很忙，無法養寵物，「還好你沒養狗。Alan我跟你講，我家對面養了兩隻雪納瑞，一到換毛的季節狗毛就到處飛，而且空氣中都是狗的味道，更討厭的是半夜神經質亂叫，害我常常失眠……」

狗的話題就讓她叨叨續續的說了快五分鐘，「Alan，你應該還沒有小孩吧？」Alan一樣回答因為工作都很忙，所以還是單身，「現在的小孩子都目中無人，上個星期我發現讀高二的女兒抽菸，我也不過是說她幾句，她到現在都不跟我說話，我是她媽媽耶！真是一點家教都沒有。」Alan聽到最後一句話，差點笑出來，罵自己的女兒沒家教，不就是說自己沒教好！

就這樣，從坐下來開始剪頭髮，洪太太就開始喋喋不休的抱怨了快20分鐘，Alan很有經驗的從口袋裡拿出一顆糖果：「洪太太，這是我上個月去日本旅遊，帶回來很有名的綜合夾心水果糖，您吃吃看。」

果然嘴巴裡含了一顆糖果，洪太太安靜了許多，可是沒多久又故態復萌開始抱怨，不過之前講的都是家裡雞毛蒜皮的雜事，現在她開始批評她從鏡子看過去看到的另一個客人，先說她穿衣服沒有品味，又說她妝化得很難看。

Alan知道不能讓她再這樣批評下去，否則讓其他客人聽到，那今天大概要雞飛狗跳了。Alan先叫助理泡了一杯咖啡，趁著端咖啡給洪太太的時候，Alan在她耳朵旁邊輕聲的說：「妳剛剛批評的那位小姐，她男朋友是附近的角頭大哥，所以……」洪太太不等Alan講完，自己用食指噓了一聲，接下來就很安靜，直到Alan幫她把頭髮弄好。

Alan忽然想起了一個寓言故事：有一個農場和土雞場是鄰居，土雞場的雞常常結伴跑到農場裡嬉戲玩耍，把農場裡的菜園搞得亂七八糟。農場主人跟養雞場的老闆溝通了很多次，養雞場的老闆都很客氣的說他一定會把雞管好，可是隔天雞還是照常成群結隊的溜到農場。

農場的主人為了這個事傷透了腦筋，因為養雞場的老闆態度都很好，也都說要處理；有一次他動了怒，對方也是很客氣的跟他賠不是，讓農場的主人啞巴吃黃蓮，有苦難言。

終於他想到了一個好方法，有一天他請土雞場的老闆到農場吃飯，每一道菜都有蛋，臨走前他還送了一簍的蛋給土雞場的老闆。土雞場的老闆很好奇的問為什麼會有這麼多蛋？農場的主人雲淡風輕的說：「這些蛋都是你的土雞來這裡玩的時候生的啊！所以都不用錢。」果然隔天再也沒有一隻雞來他的農場搗蛋。

人啊！只要事情違背自己的利益，什麼原則都可以改的呀！

家泰老師tips

☆喋喋不休其實比悶不出聲好多了。

1. 如果你不想得罪對方，或想跟對方建立關係，當對方喋喋不休，你大可放開心，保持微笑，隨他說就好。
2. 如果話不投機，想想看有沒有糖果或零食，起碼可以讓對方閉嘴一陣子。
3. 面對過分喋喋不休、「沒有煞車系統的汽車」，可以試試以下的制衡方法：一、找個理由逃離現場；二：先總結對方的說話，再回應或轉話題；三、直接拒絕雖無理，但有用；四、運用身體做暗示，例如避免眼神接觸，甚至看錶或檢查電話。

零距離溝通講堂

Q 請問老師，萬一喋喋不休的是主管或客戶，而且是非常沒有重點的嘮叨，偏偏我又有重要的事要辦，那該如何處理呢？

A 家泰老師建議：

哇！這真的是一個滿傷腦筋的情況。

如果是主管，我會建議您先跟主管道歉：「因為有個任務一定要今天辦好，請容我優先處理，免得誤了您的交辦，無法跟上司交代。」由於事關主管的自身利益，這時通常就會放您去完成工作。

如果是客戶在電話上嘮叨，過去我最喜歡的方式，就是請同事撥我的手機或其他電話，或大聲的喊「主管找你」，讓客戶在電話那一端，知道您有其他電話或主管找您，客戶就會知難而退了。

讚美是增進關係最有效的潤滑劑

PART 3

1平常多說好話，真心話看對象說。
2讚美要即時，多觀察發現身邊朋友和同事外表的改變。
3稱呼要到位。
4在公司越受重用，越要懂得讚美別人。

1

拒絕空洞的讚美

體諒是一縷清風。
微笑是一份禮物。
理解是一座橋樑。
讚美是一束鮮花。

讚美不難，難的是你不知道方法，所以一不小心讚美就不得體。更難的是，我們一直都把讚美和狗腿以及拍馬屁劃上等號，而且都以「良藥苦口，忠言逆耳」為藉口，認為耿直、說實話才最可貴，結果放任自己的人際關係崩盤，任由自己在職場浮沉卻自以為懷才不遇。其實只要從今天開始學習讚美，你就會感受到讚美神奇無比的力量，而帶給你更美好的人生。

史特龍是一家電腦科技公司的業務部經理，公司上上下下的同事，認識他的都對他有不錯的印象，包括幾個業務同仁公認難搞的客戶，在他手上互動似乎也很順暢，而不會像其他業務認為的那樣難纏、沒耐性。

其實史特龍沒什麼絕招，只是很懂得「讚美」而已。但他的讚美讓所有人買單的祕訣，在於他絕對不說空洞的讚美。所謂空洞的讚美，像是「妳很漂亮」、「你很帥氣」……這種聽起來像場面話，缺乏讓人感動文字的讚美等，都是空洞的讚美。

史特龍一直很喜歡行銷部的女生劉雨樂，雖然劉雨樂有男朋友，但還是常常被史特龍的讚美樂得合不攏嘴。譬如說，有一天劉雨樂穿了一件新買的紅色風衣來上班，史特龍一看到便說：「樂樂，妳這件紅色的風衣，跟妳雪白的皮膚搭配得恰到好處，讓皮膚有種白裡透紅的魔力，讓人忍不住更喜歡妳。」劉雨樂雖然嘴裡笑著說「無聊」，但臉上的笑容，顯然對「白裡透紅」這個形容詞，滿能接受的。

下午他到內湖瑞光路上的有線電視台拜訪副總，一見面看到副總今天打的領帶特別嶄新，便說：「副總，您今天的領帶跟襯衫搭得真好，讓您看起來格外的有自信與魅力。」副總一聽先是笑得很尷尬，後來才說這是昨天他跟老婆去逛街，老婆送他的禮物，史特龍趕緊補上一句，「大嫂真有眼光！但是她不怕副總越來越有魅力，小心被美眉倒追走。」頭髮已經有點稀疏的副總，被史特龍這麼一說，也覺得自己越來越有男人味，不禁也得意了起來。

語言的奧妙在於包裝與堆砌，同樣是美食節目主持人，有些節目主持人介紹的美食，總是特別讓人覺得食指大動。因為他們在形容美食的滋味時，絕對不會只有空洞的「好吃」而已。他們會告訴你聞起來的味道像什麼？吃進嘴裡的口感，滑過喉嚨瞬間的感覺……加上畫面拍得誘人，就更會讓人有想去一嚐美味的衝動。

我曾看過一集美食介紹節目，主持人在該節目中介紹了一家沙茶滷味時是這麼說的：「花椰菜上面有淡淡的麻油香；辣味會停留在舌間上面，有一種刺的感覺；鴨舌頭味道滲透到裡頭，但裡面的膠質還有軟骨統統保留著，讓鴨舌頭有味道又有脆度。」看著看著，就忍不住也想去買來嚐嚐看。這就是「具體」的語言帶來的令人無法小覷的力量。

要讓自己的讚美變得更具體，你可以用現在流行的「六感讚美」。六感就是視覺、聽覺、嗅覺、味覺、觸覺加感覺。像史特龍讚美樂樂：「樂樂妳這件紅色的風衣，跟妳雪白的皮膚搭配得恰到好處，讓皮膚有種白裡透紅的魔力，讓人忍不住更喜歡妳。」就提到了紅色的風衣、雪白的皮膚、白裡透紅三個視覺效果，你光是看文字，腦海裡應該就會呈現出樂樂模樣的畫面。

再看看史特龍讚美副總的領帶：「副總，您今天的領帶跟襯衫搭得真好，讓您看起來格外的有自信與魅力。」領帶與襯衫是視覺，自信與魅力是感覺，如果單獨講就覺得單薄許多，合在一起力量就大非常多了。

所以下次跟朋友或客戶去KTV，千萬不要只會說「你歌唱得很好聽」而已，如果對方的高音唱得很好，你可以說：「彷彿花了六千元到國家音樂廳欣賞動人的女高音，讓人覺得有種餘音繞樑三日的價值感；」如果對方的聲音比較低沉有磁性，你可以說：「彷彿在深夜聆聽感性的廣播節目，低沉磁性的嗓音，深深的吸引了我的靈魂。」

這麼說，對方嘴巴上雖然謙遜，心裡其實是非常的樂不可支吧！

零距離溝通講堂

Q 請問老師，要怎麼說才不會讓讚美流於空洞、避免像蠢人獻媚呢？

A 家泰老師建議：

確實，學校教育往往都是為了考試而學習，就算出了社會也只喜歡看「有用」的工具書，尤其現在是網路時代，很多人連表達能力都很弱了，更何況是言之有物的讚美。所以我建議你平常可以多看文學類的書，不但要看，而且要做筆記。

當你累積了一定的閱讀量，就會發現，慢慢的你可以運用的辭彙越來越多，不要說讚美的時候可以非常的有料，平常與人溝通的時候，你也會發現自己言之有物、言之有采，越來越生動有說服力喔！

2 功利型的讚美誰都怕

唸書這檔事還可以臨時抱佛腳，然而人際關係可沒辦法，偏偏有些人總是要等到有求於人的時候，才肯讚美。

陳心怡在一家網路公司的財務部上班，一百六十七公分、四十五公斤的身材，鵝蛋小臉加上以前學過彩妝，走在路上總會吸引很多男性回顧。成熟嫵媚、有女人味的心怡在公司的男同事前面很吃得開，但很多女同事卻對她很感冒，原因倒不只是因為她受男生歡迎而吃醋，又或者心怡會自恃吃得開而目中無人，很多時候是因為個性使然。

譬如說有一次，她到管理部找同事喬小慧，一看到小慧，陳心怡就一直讚美她今天的髮型、鞋子又好看，又適合她，小慧還沒有搞清楚發生什麼事，陳心怡就接著說：「小慧，聽說妳男朋友要去法國出差，可不可以請他幫我帶LV的這款包包回來？因為在法國比在台灣買便宜很多，……。」陳心怡一邊說，一邊把準備好的DM拿了出來，自己說得眉飛色舞，卻完全沒有察覺到小慧的臉色有多不好看。

又有一次，她到資訊部，找同一時期進公司的同事羅蘋芝，劈頭就開始讚美她今天的裙子顏色多麼的適合她，款式多麼的青春洋溢，男朋友看到了一定會心花怒放更添愛意。當阿芝還沉醉在陳心怡的讚美中，陳心怡便把自己家剛買的筆記型電腦拿出來，請阿芝幫她檢查一下outlook哪裡出了問題？為什麼不能mail？這時，你一定可以想像得到阿芝一臉錯愕的模樣。

人際關係中的信任，是一種長時間、無目的性的培養，是在平日的互動中有來有往、真誠相待建立下來的。雖然讚美有助於信任的建立，但「有目的」的讚美不但無助信任的建立，反而讓人更加失去對這個人的信任。

平常沒有讚美別人的習慣，忽然開口往往流於言不由衷，當對方還心存狐疑、沒搞清楚狀況，自己倒是先圖窮匕現，露出要請對方幫忙的真正目的，當然會讓人覺得不舒服，幾次下來，沒被列為拒絕往來戶的黑名單才奇怪。以後大家都知道，只要陳心怡開口讚美你，接下來就會有求於你，而且常常不管你是不是答應，就叫你幫忙，這樣的讚美，倒變成人際關係的反效果。

與心怡同一部門的江儀君外表和心怡剛好相反，平凡而不起眼，且從小和七個堂姐弟一起被爺爺奶奶帶大，年紀最小的她，未必受到最多的照顧，反而更容易被冷落，所以儀君從小就養成察言觀色和嘴巴甜的好習慣。

大學時，儀君已在這家公司當總機小妹。總機這個工作很微妙，看似不重要，卻可以觀察到全公司最細微的生態。機靈的儀君在這個工作上如魚得水，不是因為她聲音好聽，而是嘴巴特甜：「李姐早，妳今天的胸針是新買的嗎？應該不便宜吧！」「詹經理好，您今天紅光滿面，最近運氣不錯喔！」儀君總是比大部分同事早進公司，坐在總機的位子上，跟每一個同事親切的問好；有時候儀君請假其他人代班，大家就會覺得少了點什麼。

再加上儀君不愛計較的個性，一些不是總機負責的事，她也抱著學習或幫忙的心態而接下來，時間久了，一些資深的同事，偶爾會向她抱怨公司內部的恩怨；而口風緊是儀君的另一個優點，所以總機雖然是全公司的八卦中心，但絕對聽不到儀君去轉述誰對誰的不滿。所以大學還沒畢業，公司人事部就主動問她，要不要繼續留在公司轉正職？

人際關係就是人脈學裡常講的：你不能「臨渴掘井」。而陳心怡做的就是很典型的平日不燒香——「臨渴掘井」，總是到了要請人幫忙的時候，才去讚美恭維對方，而且從讚美到請求對方幫忙的時間又短，任誰都會覺得不舒服。

我們常在談讚美要誠心，所謂誠心的讚美除了受到內容、語調、語氣和表情的影響，是不是別有用心的讚美，當然也包括在內。

零距離溝通講堂

Q 請問老師，一般人大多習慣有求於人的時候嘴巴才會甜，那麼要如何改變，才不會讓對方覺得自己太功利呢？

A 家泰老師建議：

最好的方法莫過於把讚美變成習慣。當您看到朋友把高興的事、得獎的事、得意的事PO出來的時候，您是只按「讚」，還是會美言個幾句呢？

不妨從現在開始，只要遇到值得讚美的情況，就寫個幾句讚美好聽的話，要不了多久，您就會發現對方對您的態度，有了改變呢！除了這些之外，以下四點也可以在讚美的時候一併使用。

1. 平常多說好話，真心話只能看對象說。
2. 讚美要即時，多觀察、發現身邊朋友和同事外表的改變。
3. 稱呼要到位，職場裡喊職稱和「X大哥」、「X姐」代表的是關係的距離。
4. 在公司越受重用，越要懂得讚美別人。

3

適度的誇大讓人心花怒放

「全民最大黨」，這個以模仿政商、時事人物為結構的節目，可以說是當時全亞洲最成功的政治反串娛樂節目。其中郭子乾模仿前行政院長蘇貞昌、台灣首富鴻海董事長郭台銘；郎智源模仿蘋果日報董事長黎智英；許傑輝模仿前立委邱毅、主持人蔡康永；九孔模仿模特兒費翔……都是維妙維肖、讓人拍案叫絕。

很多人以為成功的模仿就是100％要像被模仿的對象。有一次我看節目專訪演員許傑輝先生，他說一個成功的模仿，並不是100％的像，否則這頂多是被模仿者的分身，但缺乏節目效果。

成功的模仿是突顯並誇大被模仿者的特色，所以他模仿邱毅的時候會特別強調瞇瞇眼；郭子乾模仿前行政院長蘇貞昌，則用更沙啞的聲音喊「衝衝衝」；郃智源模仿蘋果日報董事長黎智英，則是突顯他的廣東國語。因為用了「誇大」這個元素，才讓這個模仿節目可以從二〇〇四年九月二十日開播（全民大悶鍋）到二〇一二年，共播出一千多集。

「誇大」這個觀點用在讚美也是如此。「誇大」並不是要你舌燦蓮花、口若懸河，而是以事實為根據適度的加以放大，產生「物超所值」的感覺，以達到目的。

王上緯的父親從祖父輩手上接手中藥行，又開了一間中醫診所，就是希望身為獨子的王上緯可以延續家裡的事業，才讓他去唸醫藥學院。但王上緯從中部某間醫藥學院畢業後，一心想到職場闖蕩，當完兵在房屋仲介上了一年的班，又跟著同學做直銷、賣車，不知不覺也闖蕩了快五年，但一直不見好成績，不得已，只好乖乖的回到家裡的中藥診所幫忙。

好朋友見他心情有些低潮，便建議他去上激勵的課程，結果果然很有效，整個人又生龍活虎了起來，只不過他的老爸有些傷腦筋。前天一個中年男子帶了母親來看診，看得出來母親因為中風，走路不是太方便，需要兒子攙扶，上緯也不先問，就直接說：「阿嬤，妳身體好像好了很多，」只見中年男子臉沉了下來：「我母親前幾天才中風。」

又有一天，一個漂亮的上班族在做物理治療蒸膝蓋，上緯想去搭關係，看看有沒有服務機會，於是說道：「小姐，您的雙眼皮真美，那些去醫美割的，都比不上妳來得有魅力。」只見這個女孩子狠狠的瞪了他一眼，轉頭完全不想搭理，原來她的雙眼皮是幾個月前才割的。看起來讚美好像不是萬靈丹，因為用錯了方法，反而變成了致命的毒藥了。

陳琳本來在一家公關公司上班，因為幫一家金控公司辦了幾場活動，便被挖角成為銀行的公關經理，金控看上她的不止是辦事能力，更欣賞她與媒體之間的互動方式。八年級前段班的陳琳，沒有漂亮的臉蛋，卻有讓人忍不住想跟她親近的熱情；像某家電子媒體的記者藍西英，有一天穿了新的套裝，陳琳一看到，就走到一旁偷偷的說：「穿新衣服喔！這套我前幾天逛SOGO有看到，好像要五萬多塊，穿在妳身上真是好看！」

其實藍西英的套裝是去年換季的時候買的，當時才花三千多塊，一直沒機會穿，被陳琳這麼一說，她一方面覺得有些不好意思，二來又不免覺得自己挑衣服真有眼光，當然對陳琳的印象又更好了。

又有一次公司辦活動，來了一位主管機關的科長，陳琳一面接待、一面細心觀察她。看到科長手上戴了一只新的手錶，陳琳等到空檔的時間，坐在科長旁邊問，「科長，您這只手錶要十萬塊嗎？因為我想送一個類似的給男朋友。」如果你是科長，其實手錶只花了六千多塊，你當下不覺得心花怒放才怪。

「誇大」也可以用類比的方式，當然類比的目標必須是比事實更有價值，還有一點，最好是對方喜歡的，這樣的類比效果才會事半功倍。

身為公關專業人士，陳琳對於重要客戶的喜好都記得很清楚。譬如說某一家雜誌的記者很喜歡張曼玉，有一天這位記者穿了一件黑色的小洋裝，樣子非常的別緻，陳琳看了之後，繞著這位記者轉了兩三圈，然後忽然很大聲的說：「我終於知道為什麼覺得這件衣服很眼熟了，因為張曼玉好像也穿過。」這記者聽了，一方面覺得很不好意思，直說：「怎麼可能，她穿的衣服我哪穿得起呀！」但心裡卻非常的樂不可支。

又有一次陳琳跟一家媒體的主管球敘。這位媒體主管的球技還不錯，可以打到八十桿左右，陳琳不但一直請這位主管找時間教她之外，還一直用讚賞的眼光說，這位主管以前一定是打職業公開賽的，讓這位主管十八洞打下來，神清氣爽，開心得不得了。

但這裡要提醒讀者的是：「誇大」的拿捏尺度一定要精準，譬如說上一個案例，如果陳琳把媒體主管的球技誇大到說「連老虎伍茲都自嘆不如」，這樣的讚美就讓人覺得很掃興、太矯情。但如果只有說「你是今天場上打得最好的」，好像又覺得平淡無味、不是很有感覺，所以平常需要多多的練習，讓自己在讚美別人時「誇大」得恰到好處，那你的人緣一定好得不得了，誰都能讓你說服了。

零距離溝通講堂

Q 請問老師，如何判斷什麼叫做適度的誇大？

A 家泰老師建議：

什麼叫適度，實在很難給出一個客觀的標準；畢竟它不是長度、重量，可以有明確的度量衡的標準。但就像人情世故一樣，什麼叫關心？什麼叫騷擾？雖然沒有明確的標準可衡量，但還是可以依據自己與對方的關係與交情，建立與對方心中的那一把尺。

家泰老師tips

1. 適度的誇大是有七八分說成十分，如果有三分硬要說成十分，不要說對方會反感，旁邊的人聽了也會不舒服，所以必須根據事實的程度，來增加份量。
2. 如果自己都覺得太離譜了，或者心裡有疑慮，我建議就還是不說為妙。
3. 如果可以平常多跟朋友練習，彼此感覺尺度的標準在哪裡，慢慢的您就比較能夠運用自如了。

4 發掘對方忽略的優點

二〇〇七年開始的英國選秀節目，開創了全球電視媒體選秀節目的開端，期間發掘了蘇珊大嬸，以及手機銷售員保羅兩位全球知名的素人明星。

其中一集節目中，有一位評審說：「我們會看到擁有才華卻不知名的普通人，平常做著普通的工作，然後你卻看到截然不同的光芒。」

我們每個人都會說「天生我才必有用」，但有幾個人可以說出自己傲人的優點？我常參加一些社團活動，看到只要遇到自我介紹，很多人都會不知所措。不知所措的原因很多，大部分是因為不知道自己有什麼驕傲的事蹟可以講，自己有什麼得意的經驗可以分享。正因為一般人都有這樣的心態，一旦我們讚美了連他自己也不知道的優點，或者他自己覺得驕傲，但不好意思說的得意事，可想而知，他一定會把你當做伯樂來看待。

謝安甄高中就是班花，追求者從來沒有少過，只不過大一被大她一屆的學長姚宏齊追走了之後，就一直情有獨鍾，因此大學畢業工作了一年，學長退伍，兩個人就結婚了。

婚後她就在先生家族的公司幫忙擔任會計，懷第一個孩子時因為孕吐得很厲害，之後直接在家安胎調養，沒多久又懷了第二胎，便成了平凡的家庭主婦，總是日復一日做著家庭的瑣事，柴米油鹽醬醋茶、灑掃接送小孩的生活，讓大學時候的班花變得有些黯然失色，雖然還不至於像個黃臉婆，但也相去不遠。

溫芮凡是一家壽險公司的襄理，他的成交客戶剛好是謝安甄的大學同學，同學便給了謝安甄的聯絡電話，於是雙方約了星期二早上十點在家裡碰面。

溫芮凡依約到訪之後，細細的觀察住家的家具陳設，果然是一塵不染，相當的整齊，很有小家庭的溫馨。這時謝安甄端了咖啡走過來，坐在溫芮凡對面。溫芮凡一邊喝著咖啡緩和一下氣氛，微笑的稱讚這杯咖啡真香，一邊觀察坐在對面的婦人。

溫芮凡發現她未施脂粉的情況下，依然散發幾許清麗的韻味，便開口說道：「謝小姐唸書的時候，應該是許多男生追求的校花吧！」謝安甄面對溫芮凡突如其來的問題，心裡既開心，又覺得有些不好意思，連忙說：「現在已經是沒人要的黃臉婆了。」

溫芮凡回道：「謝小姐您太客氣了，您現在如果回學校唸書，保證追妳的小男生還是一堆！」謝安甄已經很多年沒有聽到年輕的男士這麼稱讚她了，忽然對眼前這位男士有了幾許的好感，話匣子一打開，便天南地北地聊了起來。巧的是溫芮凡的一個表姊剛好是謝安甄的高中學姐，兩個人的關係因此又拉近了許多，謝安甄便請溫芮凡幫她規劃一張年繳二十萬的保單。

只不過謝安甄和溫芮凡密切的互動，引起了一個人的緊張與不悅。這天溫芮凡要送保單給謝安甄，同樣按了門鈴，謝安甄開門，一進門，沙發上坐著一位三十多歲、表情有些嚴肅的男子，芮凡曾經看過謝安甄的全家福合照，自然知道眼前的男子是誰。

芮凡保持微笑，伸出手說：「您應該就是安甄姐說，世界上不會再有第二個的好男人了吧！」其實謝安甄哪有說過這些，只是這句話對姚宏齊很受用，一聽芮凡這麼說，臉上反而堆起有些害羞靦腆的微笑：「其實平常忙著事業，家裡都是安甄在打點，她比較辛苦。」

一句到位的讚美，往往就能夠輕易的化解了可能的誤會與衝突。後來姚宏齊整個家族的保單，都是請芮凡規劃的。

家泰老師 tips

1. 就算是黃臉婆，打從心底也有被讚美與被認同的渴望。
2. 就算是本來對你帶著敵意的人，也可以因為讚美而融冰。
3. 讚美就是一種高度的被認同與肯定。
4. 讚美時的語調與表情一樣重要。

黎韋恩則是一個和安甄相反的案例。

黎韋恩二十九歲，國立大學外交系畢業，畢業之後在航空公司當了三年的空姐，這個工作雖然讓很多女生羨慕，但韋恩老覺得當空服員沒有歸屬感，而且有種不踏實的感覺，便辭去空姐的工作，先到一家美語補習班，再轉到一家投信公司擔任投資理財顧問。

黎韋恩擁有深邃的五官與姣好的身材，但對黎韋恩而言，她最討厭的事就是別人只注意到她的外表，而忽略了她在事業上的付出與努力，因為她對事業的企圖心，勝過了一切。所以雖然追求者絡繹不絕，但韋恩始終把事業看得比感情還重要。

溫芮凡因為幫黎韋恩的客戶規劃了保單，客戶好意想介紹溫芮凡給黎韋恩當男朋友，但第一次在客戶做東、勉為其難的在餐廳吃過飯後，溫芮凡便知道眼前這位美女當下對談愛情婚姻，並沒有太大的興趣，便決定改變策略，先把黎韋恩變成客戶再說。

隔了幾天，溫芮凡主動打電話給黎韋恩，且一開口便清楚的告訴她，自己沒有追求她的打算，純粹是欣賞她在工作上的努力。能夠讓客戶主動做媒，更讓他佩服黎韋恩對客戶的用心，更何況誰都喜歡跟美女交朋友。溫芮凡的開誠布公且懂得欣賞她在工作上的努力，反而引發了黎韋恩的好奇心，答應了溫芮凡的邀約。

溫芮凡在這個案例裡的成功之道在於，**他精準的發現黎韋恩真正驕傲與在意的事**。要知道，越是美麗的女人，越是不在乎別人對她外表上的讚美，因為聽多了，根本不稀罕。像黎韋恩這種對事業有企圖心的，她們更在乎別人對她在工作上投入的肯定，而且越具體、越清晰越好。

所以天底下沒有不喜歡被讚美的人，除非你弄錯了方向。

零距離溝通講堂

Q 請問老師，萬一對方實在是沒有什麼優點怎麼辦？

A 家泰老師建議：

這個問題常常有人問我，這可以分成兩個層面來看。首先，大部分的人都有優點的，要看我們的觀察力夠不夠、能否發覺又或者我們其實看到了，卻忽略不認為是優點。其次，少數人因為個性、成長經驗等，讓人感到乏善可陳，如果是這樣的人，應該也不是您想結交的對象。

1. 平常多鍛鍊自己的觀察力，不要把凡事都當成理所當然，就會發現一個人其實有很多的優點。
2. 優點跟缺點往往是互補的。譬如說一個有正義感的人，就有可能個性比較固執；一個人善變看似缺點，但優點不正是靈活嗎？有時候從缺點的另一面，就可以找到優點。
3. 萬一這個人已經乏善可陳到毫無優點可言，建議您還是跟這種人保持距離才好。

5

讓第三人說更有效

真心的讚美，不應該只是在受讚美者面前說給他聽，當對方不在現場時更要說，因為越是讓人感到非刻意的讚美，越是容易讓對方感受到你的真誠。

你是否也有過這樣的經驗，在某個場合，聽到朋友轉述另一位不在場朋友對自己的讚美、誇獎或推薦，當下讓你感覺這位不在場的朋友，真是自己的知己，而且非常夠意思，才會在人前人後如此的幫自己宣傳。

楊凱中從小家境優渥，父親白手起家，靠國際貿易賺到第一桶金，三十幾歲就在台北市青田街買了房子，所以楊凱中高中畢業的禮物，竟然是令許多人朝思暮想的哈雷機車，羨煞當時他多少的同學！但也養成了楊凱中習慣被人捧，而不擅於與人分享的個性。還好他在課業上滿上進的，讀到高雄一所國立大學企管研究所畢業。

只是在楊凱中大三的時候，父親因為投資失利，加上被朋友拖累，家中經濟大不如前，只好打消出國唸書的計畫，退伍後在一家空運公司窩了五年，當到襄理。他總覺得自己懷才不遇，尤其是看到同一個月進公司的言鐵男，雖然只有私立大學畢業的學歷，只不過因為曾在其他公司待過的經歷，竟然也能跟他一樣當到襄理。

更讓楊凱中不平衡的是，言鐵男在公司的人緣特好，明明自己長得比他帥，唸書的時候，很多人就說他像日本偶像明星山下智久——畢竟身高一百八十公分，網球打得又好，加上他一直對時尚很感興趣，就算不用買名牌，也可以讓自己看起來很有型，所以他的身邊一直不缺美女相伴。

反觀看起來有點呆頭呆腦，外加一付黑框眼鏡、話也不多的言鐵男，做起事來老讓楊凱中覺得溫溫吞吞的，不知道為什麼連上司都對他欣賞有佳？

楊凱中這樣的情緒與心態，讓他在公司常常忍不住抱怨，一不小心，對言鐵男的批評，甚至流於情緒性用詞。

有一天，楊凱中和財務部的幾個女同事一起吃午餐，聊著聊著，楊凱中又開始抱怨批評言鐵男，一會兒說他不懂得穿衣服，沒品味，像個鄉下人；沒多久又說言鐵男做事像烏龜，溫溫吞吞，讓他受不了……

楊凱中越講越上火，越講越口無遮攔，用字也越來越粗鄙，這時候素有財務部小辣椒之稱的沈若薇，拉高了分貝道：「楊凱中，言鐵男到底是哪裡得罪你，你要把他講得這麼難聽？」沈若薇的高分貝，連餐廳裡其他桌的客人都忍不住回頭，看看發生了什麼事？只見楊凱中尷尬的漲紅了臉，彷彿連呼吸都要小心翼翼，以免又惹到沈若薇。

沈若薇見楊凱中沒接話，便繼續說：「楊凱中，你知道言鐵男都怎麼說你的嗎？」楊凱中一聽到這個問題，便不甘示弱的說：「他一定把我批評得很難聽，否則他的人緣怎麼可能比我好！」楊凱中講得很自信，語氣更是義憤填膺，又帶著幾許委屈，彷彿自己已經被言鐵男中傷了無數次。

沒想到沈若薇的笑容很詭異，更精確的說法是很不屑，接著用冷冷的聲音說：「楊凱中，你果然是以小人之心度君子之腹。言鐵男跟你想的完全不一樣。一、他不愛談論別人的是非，二、就算要說，他也是說那個人的優點。楊凱中，你真的知道言鐵男都怎麼說你的嗎？」

楊凱中第一次聽到有人這麼說言鐵男，一下子有點語塞，不曉得該說什麼比較好，便喃喃自言自語：「言鐵男總不會說我比他帥吧！」這時一直沒開口，只是聽他們對話的另一個財務部女生潘倩倩笑著說：「楊凱中，這次你倒是猜對了，言鐵男確實說他很羨慕你長得比他帥，又懂得穿衣服，有品味，不但如此，還說你辦事很有效率，這些都是他想跟你學習的地方。」

不等楊凱中反應，沈若薇接著說：「倩倩剛剛說的我可以做證，因為當時我也在場，親耳聽到。你不要看鐵男這個人看起來很老實的樣子，其實他的觀察力真的沒話說，像我很討厭自己的口直心快、容易得罪人，可是他竟然跟倩倩說他很欣賞我的正義感。你知道嗎？我從來沒想過正義感跟我有何關係，所以倩倩跟我說的時候，我真的笑了出來。」

倩倩接著說：「不單單是若薇，辦公室裡每個跟他相處過的同事，他都可以說出對方的優點，連不苟言笑、看似嚴肅的副總都被他感動過，而且他最高明的地方是，他都不在當事人面前說，都是在當事人不在，閒聊的時候不經意的說出來。我也是若薇跟我說，鐵男講了幾次我很孝順，誰把我娶回家，都是上輩子修來的福氣。你說鐵男的人緣，能不好嗎？」

倩倩繼續說：「鐵男跟我講過，因為他知道自己條件不怎麼樣，所以一定要比別人更認真學習。他還教過我一個絕招，好人緣的三個小天使：『認同、鼓勵、讚美』。楊凱中，今天我的午餐讓你請，因為你也學到了一招，如何啊！」

家泰老師tips

1. 讚美不一定要在對方的面前說。
2. 每一個人都有優缺點，只是比例不同而已。
3. 了解自己的劣勢，更要創造自己的優勢。
4. 永遠不要在別人的背後批評，因為人言可畏，你無法掌控話會被如何的誇大。

零距離溝通講堂

Q 在別人的背後讚美他，會不會讓人覺得在拍馬屁，或刻意恭維呢？

A 家泰老師建議：

會有這個疑慮，恐怕是因為平常沒有在讚美對方，等到有求於對方的時候，自己才會有這樣的顧慮。其實只要讚美的內容適當，不要偏離事實太遠，表達的方式不要誇張，試著平淡一點、實在一點，就不會產生這樣的可能。

另外提醒以下三點：

1. 再好聽的話，遇到喜歡無事生非、愛嚼舌根的人，往往就沒有好話，所以要留意說話的對象。
2. 在吃飯、喝咖啡等非正式的聊天場合讚美不在場者，效果最好。
3. 千萬不要有需要了，有所求的時候才讚美他人。

6 讚美像鑽石，誰都不嫌多

你以為林志玲不喜歡被讚美嗎？身價越高的企業主越寂寞，影響力越大的人越難找到知心的朋友。只不過社會地位越高的人，他需要的讚美要更到位而已。

楊綺唸書的時候，最大的願望是當畫家，但因為哥哥表明了只想做自己有興趣的事，孝順的楊綺不忍看到父親創建的事業無人經營，只好毅然決然的結束在法國唾手可得的藝術碩士學位，挺身而出，接手經營父親的企業。

只不過這個決定，也讓她跟法國籍先生的婚姻畫上了休止符，一個人帶著未滿一歲的女兒回到台灣，但這段過去知道的人甚少，即便是後來，她把父親留下來的紡織公司經營得有聲有色，外界也只能繪聲繪影，八卦的揣測，她好像結過婚有個小孩，但始終無法得到任何證實。

卓鑫創與楊綺一樣都是接手父親創立的企業，不同的是卓鑫創從小就被父親當接班人來訓練，雖然他最大的興趣是當醫生和作家，但現在只好寫一些沒有發表的醫學小說自我娛樂。曾有父執輩主動當媒人想撮合這對金童玉女，只是郎有情妹無意，不過因為思想相近以及對藝術的愛好，倒意外成為滿聊得來的朋友。

卓鑫創知道楊綺沒有對象，卻不知道拒絕他真正的原因是什麼，當然關於楊綺的八卦，他肯定也聽過不少。尤其神祕的是，楊綺和許多企業界的朋友，到卓鑫創位於台北象山的別墅好幾次，但竟然沒有一個朋友曾經去過楊綺家，這更激起了卓鑫創的好奇心。只是沒想到，這個答案竟然很快就浮出水面了。

過年後一個春酒的聚會，卓鑫創和楊綺又不期而遇，這天楊綺看起來心情不是很好，酒也喝得比較衝，卓鑫創全看在眼裡。聚會結束時眾人一哄而散，楊綺這時已有七分醉意，剩下的朋友起哄要卓鑫創載楊綺回家，因為幾個朋友都知道楊綺對司機不錯，如果應酬太晚她都自己開車，只是今天醉成這樣，肯定是開不了車的。

楊綺說了一個仁愛路二段的地址，上車沒多久後就睡著了。到了楊綺家，卓鑫創扶她下車，沒想到楊綺嘔了一聲，吐在卓鑫創灰色的ARMANI西裝外套上，不過這一吐，倒讓楊綺的醉意醒了八九分。

楊綺感謝卓鑫創載她回來，也相信他的人品，於是堅持請他到家裡休息一下再走。利用楊綺在更衣的時候，卓鑫創好好的觀察這個從來沒有人來過的神祕世界。他發現客廳裡掛了十幾幅拼圖完成品，而且每份拼圖都是好幾千片，此時他腦海飛快地閃過了一個答案。

十幾分鐘後楊綺換了套休閒服，恢復了平常的光采亮麗，手上端著兩個高腳杯走了出來，說道：「傭人睡了，不想吵到她，喝白開水可以嗎？」卓鑫創接過了水杯，兩個人便天南地北的聊了起來。卓鑫創冷不防的說：「楊綺，妳辛苦了，普拉德・威利症*的小孩照顧起來特別需要費心啊！」楊綺聽了停頓

---

* 普拉德・威利症（英語：Prader-Willi syndrome，縮寫：PWS，俗稱小胖威利症）是一種罕見的遺傳疾病，目前知道的原因是第十五對染色體異常所造成。病童的智商發育較慢，情緒管理較差，食量異常的大，所以多把自己吃得非常的肥胖，但對圖像的記憶力卻是非常的驚人，所以二千片的拼圖，有些孩子大約三十分鐘就可以完成。

三秒鐘，既沒有否認，也沒有接話，直接跳過了這個話題，顧左右而言他。

之後卓鑫創每次出國，都會帶一盒拼圖回來給她，楊綺雖然從來沒有當面說過謝謝，但一年多後，兩個人低調的結了婚。

家泰老師tips

1. 每個人都渴望被讚美、肯定與鼓勵。
2. 越是神祕的人，內心越有渴望被人發現，並且鼓勵的祕密。
3. 有些敏感的讚美，點到為止最美。

均昊是出道快兩年的彩妝顧問，因為經歷和知名度，都比不上檯面上已經有知名度的彩妝顧問，當然客戶數和收入也不能相提並論，可是均昊客戶的忠誠度卻非常高。

而釉馨是同一家公司的彩粧顧問，做了快五年，雖然有一定的技術純熟度，但客人來來去去，一直沒有所謂的粉絲，釉馨很好奇均昊到底是怎麼做到的，便決定用一個星期的空檔時間，好好的觀察均昊跟客戶的互動。

她發現，均昊是個相當細心的男人，客戶只要穿新的衣服、鞋子，甚至是配件，均昊都會跟客戶說：「這件衣服是新買的吧！穿在您的身上相當的年輕喔！」均昊的讚美，讓客戶都感到很受用。其實有幾次，釉馨覺得客戶的鞋子和衣服不是很搭配，但均昊還是可以說得讓客戶很有自信，不但如此，均昊有一點真的很厲害！

譬如說昨天下午有位首次來店裡的客人，從她的穿著打扮來判斷，應該是貴婦，但態度相當冷淡，甚至有些高傲，連均昊這種熟女殺手，一開始都吃了憋。因為這位貴婦的冷淡，均昊一開始也只好從閒話家常開始，而貴婦也是有一搭沒一搭，一貫的冷淡回應。不過均昊還是不斷的找話題想把冰山融化，沒多久，他發現貴婦身上戴的項鍊，跟某個廣告的很像；貴婦很開心這條項鍊被認了出來，還偷偷的跟均昊說，這條項鍊花了她快十萬，而且不敢被老公知道。

均昊找到了突破點，當然要繼續加碼，接著便跟這位貴婦說：「其實以您的氣質，任何飾品戴在您的身上，都像名牌。」貴婦一聽，笑得更加燦爛，但嘴裡還是說：「你講話太誇張了，不要用騙美眉的方式來逗我這種歐巴桑。」東方人的低調和內斂的文化就是這樣，明明心裡開心得很，卻還是要一本正經的說。

而這時候就要注意對方的表情和語調。均昊看了貴婦的反應，心想：讚美得體果然就像春風或蜂蜜，再嚴肅的人也會被融化，嘴巴也會笑開，便接著說：「我很認真的，如果我沒仔細看妳的耳環，會以為是跟項鍊同一個牌子。」果然貴婦全身上下，就只有耳環不是名牌。一旁觀察的釉馨心裡想，我看沒多久，又可以看到這個貴婦來消費了。

得體的讚美就像鑽石，讓人愛不釋手，但東方人跟歐美人在這件事情上表現的差異相當大；歐美人士在面對他人對自己真誠的讚美時，多半會欣然接受。但東方人，尤其是華人，既不善於讚美他人，面對別人的讚美時，更是顯得不知所措，以至於反而讓讚美的人感到很尷尬。其實你只要了解我們有這樣的習性，下回你就可以大大方方的讚美對方。

尤其是面對成功人士，他們都深諳虛懷若谷的人生哲學，不論是恭維還是讚美，他們都會禮貌的表示對方過獎了，或說自己其實是言過其實。正因如此，我們更不能停止讚美，要持續展現誠意的加碼讚美。

記得有一次參加餐會，旁邊恰巧坐的是我相當仰慕、白手起家的董事長。用了兩道菜後，我舉起酒杯敬董事長，並且說：「我相當欽佩您白手起家的精神。」毫無意外的，董事長馬上接話：「不敢、不敢當。」他的表情非常客氣，但語調卻很淡，內心彷彿在說：「這句話我聽多了。」

我當然聽得懂他沒說的話，於是我把平常的準備厚積薄發的表現了出來，接著說：「您曾經接受某某雜誌的專訪時，說的某句話對我的影響很大。」話才說完，就看到董事長眼角閃起的光芒，當下我在心裡跳躍的說著「Bingo」，果然他便問我：「為什麼那句話，對你影響很大？」但說這句話時的語調卻是相當的溫暖。我解釋給他聽之後，他笑得很開心，當然，那場餐會我們聊得很投機，一直到現在，他還是我的忘年之交，跟我分享了許多他寶貴的人生經驗，我也從他身上，學到了許多企業經營之道。

所以，既然你都讚美了，為什麼不接二連三，持續加碼？反正讚美是最不用花錢的禮物，何必吝嗇呢！

家泰老師 tips

1. 不要帶著期望回饋的心情去讚美對方，否則自己很容易就感到受傷。
2. 平常多閱讀，對於自己想結識的人士的報導最好做筆記，免得資料用時方恨少。
3. 社會經驗越豐富的人，喜怒越不顯於色，所以不要因為對方沒有明顯的反應而感到挫折，要懂得去觀察眼神、嘴唇等細微表情的變化。

零距離溝通講堂

Q 請問老師，如果讚美之後，對方的反應冷淡，我應該停止還是繼續呢？

A 家泰老師建議：

華人是一個低調內斂的民族，多數人既不善於讚美他人，當面對別人的讚美也往往不知所措，所以才會出現反應冷淡的情況。但也有可能，你遇到的對象太多人恭維拍馬屁了，所以他對於讚美的反應當然很冷淡。

如果是前者比較簡單，只要接二連三的讚美，就會得到相對的反應；但如果是後者，你一定要在平常就多注意跟他相關的報導。他不為人知的小故事，或曾經說過的某句話對您有的啟示，像這一類比較有深度的讚美或感謝，是比較容易引起對方的注意的。

7

搞清楚是客氣還是客套

很多老外第一次到華人家做客，都會對一件事感到不解，因為主人常常都會說：「沒什麼好菜，招待不周，請多多包涵。」老外會疑惑，明明今天的菜色很豐富，主人又很熱情，怎麼會說招待不周呢？我到底是貴客？還是不速之客？

前段時間看到日本牛郎帝王羅蘭的一個影片。影片中，羅蘭表示送禮時不該說「一點小東西不成敬意」，他認為這是不禮貌的，如果自己都覺得是不成敬意的小東西，就不應該送給他人。既然自己已經精挑細選出很棒、很適合對方的禮物，就該直接跟對方說：「這東西很不錯，請務必收下！」與人互動時，謙虛是美德，但在我們的文化裡，過謙似乎成了習慣。

延續前一篇提到的，東西方文化所表現出來的方式，確實落差很大，如果你沒弄清楚，肯定會給自己惹來大麻煩。

王子翊是萬程鋼鐵的業務副理，當時畢業之後不想待在台北，就回到離家不遠的這間公司。雖然是國貿系畢業，本來對鋼鐵相關產品相當陌生，但憑著還算聰明的頭腦和自己的努力，五年下來，這個產業的相關知識，可以說是非常熟稔。

最近老董事長退休，讓第二代正式接班，野心勃勃的少董想要拓展公司的規模，證明自己不是「靠爸族」，便從國內規模最大的同業，找了相當有經驗的主管秦慕白擔任總經理，希望透過他的人脈，與在一流大公司的訓練與視野，能夠將公司的業務快速的拓展。

雖然是鋼鐵同業，秦慕白原來的公司，卻不止是國內規模最大的鋼鐵廠，在國際間也備受推崇，並且獲利良好。相對一直都是家族企業的萬程鋼鐵，員工的素質、專業還有格局和視野，落差還是相當的大。

好在身段夠柔軟的秦慕白深知強龍不壓地頭蛇，更了解自己不過是專業經理人，何況老董事長雖然退休，是不是真的完全不管事，還很難講；畢竟這是他白手起家的企業，說放就放，沒幾個人做得到。萬一跟老員工起衝突，如果少董挺不住，就算自己做的是為了企業著想，恐怕少董還是要跟現實妥協，而讓自己成了犧牲品。

想清楚自己的處境，秦慕白到任後在少董的首肯下，推動了幾個變革，倒不見資深員工有什麼激烈的抗議或反對訊息，一些本來抱持敵意的主管，也都滿配合新政策的推動，幾個月下來，公司慢慢有了新的氣象。秦慕白溝通的對象也從主管延伸到一般的員工，而這個月剛好輪到跟業務部互動。

業務部是幫公司賺錢相當重要的一個部門，過去老董事長亦相當重視，所以都是直接管轄而沒有設業務副總。也因為如此，業務部的員工多少有些驕氣與霸氣。

王子翊來到公司五年了，當然沾有這樣的習氣。而秦慕白這兩個月陸續推動的變革，多數都跟業務部有關，譬如說：他要求業務要加強語文能力，將來才能拓展國際客戶，或者本來業界有些不見光和便利作業的陋規，秦慕白很清楚的表示，只要抓到立刻開除，所以引起了業務部頗多的不滿與騷動。跟王子翊很要好的方家驊和丁立威，約好了等秦慕白跟業務部開會的時候，要一起大鳴大放，讓秦慕白搞清楚什麼是企業文化。

但畢竟伸手不打笑臉人，秦慕白的笑容與幽默感，讓會議進行得相當順利，而且笑聲不斷。等到了互動時間，秦慕白更是堆著誠懇的笑容，請大家給他一些建議和指教。

王子翊一見方家驊和丁立威這幾個都沒有要表示意見，心想，總經理既然請大家給他一些建議指教，幹嘛不說，便滔滔不絕，連說了十分鐘，而且越講越帶情緒，不但王子翊的主管臉色鐵青，連秦慕白的笑容都不見了。

華人在公開場合相當誠懇的表示「請大家建議指教」，想聽的其實是讚美與鼓勵，這是東方低調內斂的文化而展現的處世態度。當然也有很多人是真心的希望別人給他建議；然而為了避免誤會對方真正的意思，最好不要貿然的說出口，寧可等對方的態度更明確再建議，但即便如此，也不要口無遮攔、滔滔不絕。試想對方如果擁有一定的社經地位，你可以建議他什麼？

所以，我們越是誠心的建議，更要把認同、讚美和建議交替著做使用。畢竟中國五千多年歷史，也不過出了一個偉大的諫臣和唐太宗，何況唐太宗能夠廣納諫言，是因為他有一個相當賢淑的長孫皇后。

下次搞不清楚對方到底是客氣還是客套時，不如先讚美，比較保險。相對了，當你希望他人給予意見、回饋時，就該有勇氣聽對方表達想法和感受。

零距離溝通講堂

Q 請問老師，該如何避免把對方的客套當客氣，因而不小心得罪了對方呢？

A 家泰老師建議：

這個問題確實是滿多朋友的困擾，因為年紀越輕的朋友，越習慣用網路溝通軟體互動，連電話都不打了；不要說是察言觀色，連對方聲音語調的改變，都沒有感覺到異常，影響所及，很多時候得罪人了都不知道。

以下提供幾個方法讓大家參考，也許下次無意中得罪人了，還可以有補救的機會。

1. 對方的語調從鏗鏘有力變成平淡無趣。
2. 對方變得面無表情。
3. 對方本來聊得很愉快，忽然沉默了下來。
4. 對方對這個話題不感興趣，完全不答腔。
5. 對方的手變成抱胸的防禦姿勢。

8 花花轎子人抬人

華人講到人脈學，多數人都會想到紅頂商人胡雪巖，除了留下「慶餘堂」百年老店，「花花轎子人抬人」更是官場、職場，人人朗朗上口的金科玉律。

沈杏仁與鄭凱兒是高中死黨，大學雖然就讀不同的學校，但因為都在台南，仍然常常碰面，感情很好。沈杏仁畢業之後在銀行工作了三年，後來決定離開朝九晚五無趣的工作，一個人跑到東京甜點學校，去學最愛的甜點製作與設計，而鄭凱兒則一直在公關公司擔任行銷工作。

兩年後，沈杏仁畢業回到台北，決定創業開一家甜點專賣店，她第一個想到的創業伙伴當然是鄭凱兒。剛好鄭凱兒工作上也遇到瓶頸，對工作感到倦怠與無奈，兩個人一拍即合，便開始創業的規劃。

沈杏仁留著俐落的短髮，甜美的笑容和纖細的身材，有鄰家氣質女孩的FU，但骨子裡，其實有叛逆與追求自己目標的因子；也因為這樣的個性，她的好朋友一直不多。鄭凱兒則是擁有一頭輕柔飄逸的長髮、曲線玲瓏的身材，配合展現自信時尚打扮，不論是走在台北忠孝東路四段或信義計畫區，總會吸引許多男性再三回顧的美麗女性；尤其是公關的工作經驗，讓她談吐顯得更有氣質。只是性格柔弱敏感的她，談了幾次戀愛，都是受傷收場。

這樣的組合很難絕對的說是好還是不好，但她們兩個的默契卻非常的好，一起去尋找創業資金的時候，總不忘互相吹捧。沈杏仁說鄭凱兒是行銷達人，才一會兒，鄭凱兒也不忘向金主推薦沈杏仁是馬卡龍大師；又或者鄭凱兒一個人拜訪客戶的時候，都會說沈杏仁是提拉米蘇專家，等到沈杏仁去的時候，又會以公關大師來稱讚鄭凱兒，這樣一搭一唱，加上精美的文宣以及專業深入的創業企劃書，很多金主登時被說服了，果然不到三個月，兩個甜姐兒就募到了創業的第一筆資金。

「文人相輕，自古皆然」，在競爭激烈的官場與商場對手間，相互的攻訐更是屢見不鮮。華人文化本來就不擅於讚美別人，對於自我吹捧的人，更是用「老王賣瓜自賣自誇」來揶揄，以至於這樣的文化背景，讓華人彼此間的競爭，很容易流於惡性競爭的循環。

紅頂商人胡雪巖說「花花轎子人抬人」，則是認為人跟人之間，應該互相幫助、互相成就，這樣才會比較容易達到事業的目標。同樣的觀點，人與人之間如果可以相互讚美、互相拉抬，不但可以創造出「水漲船高」的效應，更可以創造善的循環。

畢竟不是自己說自己好，而是從別人的嘴裡說出來，自然可以減少「老王賣瓜自賣自誇」的嫌疑。所以當別人當面讚美我們的時候，請不要只顧著謙虛辭讓的態度，你真正應該有的反應是馬上稱讚回來，這樣不僅被你讚美的人會很高興，下次會更樂於稱讚你，如果是在公開場合，更可以達到互相吹捧、「水漲船高」的效應。

人脈達人「阿寶哥」沈寶仁老師，他就是一位非常樂於提攜後進的講師。他常常在介紹新進講師的時候，都會非常大方熱情的推薦對方是「XX大師」或「XX專家」，所以曾經被他提攜過的講師，包括我，都懂得「投桃報李」的觀念，於是當阿寶哥讚美提攜的老師越多，他得到的回報也更多。

所以誰說「同行相忌」？只要懂得「花花轎子人抬人」的道理，就可以一起把餅做大。

家泰老師 tips

1. 好朋友不但要情意相挺，在公開場合更要嘴巴上大聲讚美。
2. 讚美對手不會因此貶低自己，多數會得到對方的尊重。
3. 多數客戶在面對會讚美競爭對手的廠商，會認為這個廠商是有自信而大度的。

零距離溝通講堂

Q 請問老師，如果和一個朋友發生誤會，對方不但不聽我的解釋而且到處告狀，我該如何處理？

A 家泰老師建議：

不止是情人之間相愛容易相處難，越是密切相處、互動頻繁，越容易發生摩擦，這就考驗著兩個人的氣度與信任。但萬一發生上述的狀況怎麼辦？到底該以牙還牙，還是跟人解釋？究竟該怎麼做呢？

我們先做一個假設，如果您是不知情的朋友，面對吵架翻臉的兩個朋友，A拚命的跟您說B的不是，但B卻跟你說感激A的話，以及讚美A的優點，請問誰給您比較值得信任的感覺？這就是我給您的答案囉！

9 用第三人稱來讚美

幾年前我擔任十大傑出青年選拔委員會的副總幹事，和團隊伙伴拜訪一位相當知名的人士（暫稱為張校長），一般人大概都會以「張校長我好仰慕您」、「張校長，您是我的偶像」之類的讚美辭開場。

但我思考的是，這樣的開場，對張校長而言肯定是聽多了，也沒感覺了，甚至流於客套而失去效果。所以我思考之後見到張校長，我說的是：「張校長，我母親知道我今天要來拜訪您，她比我還興奮。」本來面無表情的張校長一聽我這麼說，不僅展開了笑容，而且表情既誠摯又燦爛，當然當天的拜訪也就非常的成功，本來預定半小時，聊了一個多鐘頭才結束。

透過第三人表達讚美，比較迂迴不直接，對於習慣被讚美的人而言，接受度反而高。透過第三人讚美，還有另一個方式。

程幼青是一家軟體公司的業務，主要銷售的產品是雲端和管理平台。一百六十七公分的高挑身材，讓她唸書的時候就偶爾兼差接模特兒通告。她不僅有甜美的外表，還有甜美的聲音，在面對絕大多數客戶都是男性的環境，相對而言是比較吃香的。很多客戶不但想約她吃飯，更有人想追求她，卻不知道她一畢業就嫁給學長，而且已經是一個孩子的媽。

她的銷售績效一直都還不錯，唯獨一家被動元件的總經理李大任，一直都不肯給她機會，不要說報價了，連介紹產品的機會也沒有。雖然說李大任公司的業務量不見得有多大，但程幼青就是覺得不甘心，更何況不服輸，是成為頂尖業務的特質之一。

為了這個李總，讓程幼青真是傷透了腦筋。她花了很多時間問了許多相關的人脈，將跟李總相關的資料畫出人際網路圖，偏偏這個李總行事低調，連住在哪裡都很少人知道，所以想親自拜訪他家都不得其門而入。話說回來，李大任對她這麼感冒，恐怕就算去他家，也沒用吧！

余承風是一家系統科技公司董事長，余董公司早就買了程幼青公司的產品，而且對使用效果相當稱讚有佳，幼青希望透過余董再認識一些客戶，所以每個月都會去找余董聊個幾次天。

這天幼青和余董約了時間，到了余董辦公室，發現有其他客人，便在旁邊的沙發先等著。結果余董招手要幼青進去，也介紹幼青認識前來的客人秦總。幼青與秦總換了名片，發現秦總的公司也是做被動元件，心想就碰碰運氣吧！沒想到秦總一聽到李大任的名字，哈哈大笑了一下，幼青心想：這兩個人該不會是死對頭，而且李大任還是秦總的手下敗將吧!?

還好幼青的擔心是多餘的，原來李大任進入被動元件這行是秦總帶他的，說起來李大任還得叫秦總一聲「師父」，到現在他們還常常一起打網球呢！幼青心想真是踏破鐵鞋無覓處。只是，碰不到李大任，這些資訊還是派不上用場。

其實好運總是眷顧一直努力不懈的人。說來也妙，在認識秦總不到兩個星期，程幼青又繞到李大任內湖科學園區洲子街的辦公室，剛好碰到李大任似乎心情也不錯，就破例讓幼青進到他的辦公室，並給她十分鐘的時間。

幼青這些年的銷售經驗讓她很清楚的知道，李大任只會給自己一次機會，如果自己沒有好好把握，以後恐怕連進公司的機會都沒有。在客套的彼此寒暄之後，幼青大膽的說：「秦總說，打網球一定要跟您拜師才學得好。」這句讚美既聽不出直接的恭維，又意有所指的點出自己認識秦總，交情也不錯；李大任一聽自己的師父跟幼青似乎滿熟的，即使有原本的冷淡與成見，恐怕也不得不賣賣師父的面子。

所以這招的好處是，既可以達到迂迴的效果，又可以透露出自己跟某人的關係，真是一個很好用的方法。

零距離溝通講堂

Q 請問老師，用什麼樣身分的第三人稱來稱讚，比較恰當？

A 家泰老師建議：

這並沒有標準的答案，還是要依據對方、同時在場有哪些人、氣氛等來判斷。

但如果今天要明確的說出某個人的名字，第一、這個人必須跟對方認識；第二、自己跟這個人也千萬不能沒有交集，否則對方如果很開心，多問了一些事情，而自己又答不上來時，那就真的非常的糗了。

像A咖一樣的說話技巧

PART 4

• 優先處理心情，再思考問題，再尷尬的問題，也能在談笑之間，讓它變成自己的加分題！

1

隨時準備5個笑話和5個話題

狄雲飛是一家台灣上市科技公司的Customer manager。因為客戶大部分都在中國大陸，所以他一年搭飛機至少一百次，往返兩岸超過一百個城市。

二〇一二年雲飛和戀愛三年的女友步上禮堂，婚禮在台北大直一家婚宴旗艦館，雖然只請了三十桌，但收禮金的桌子旁擺的花籃，除了自己公司的董事長與總經理，還有三十多家兩岸上市櫃公司的董事長；說穿了雲飛不過就是領薪水的上班族，為什麼一個上班族結婚，竟然有這麼多兩岸老闆送花慶賀呢？對這個問題，最好奇的莫過於雲飛的前女友沐小昭。

雲飛跟小昭在大四快畢業的時候才開始交往，不止是熱戀而且論及婚嫁，只是畢業三年後，小昭決定實現自己長久以來到英國唸書的夢想，為了避免遠距戀情、異地相思的痛苦，兩個人便協議分手了。

小昭後來回到台灣，雲飛已經跟老婆林楚蔓熱戀交往中。小昭不只是聰明漂亮的女生，而且有成人之美，不但和雲飛的老婆變成好朋友，在婚禮的籌備過程中也幫了很大的忙，所以當雲飛從法國蜜月旅行回來後，兩個人宴請了小昭，感謝她的幫忙，當然小昭也想利用這個機會，解決心裡的困惑。

三個人坐在台北寒舍艾美酒店北緯二十五LATITUDE 25餐廳，一共點了龍蝦潛艇堡、牛肉漢堡和三杯意利玫瑰。楚蔓眉飛色舞的述說他們在法國渡蜜月遇到哪些好玩的事，小昭聽得津津有味，反而是雲飛，安靜的聽著兩個女生的對話。

因為法國也是他和小昭第一次出國旅遊的地方，也許是自己心裡的障礙跨不過去吧！倒是小昭比較落落大方。終究，小昭一直想解開自己心裡的疑慮，終於問了雲飛，他怎麼有辦法認識那麼多兩岸的企業主，他是怎麼跟他們搭上線的？雲飛笑了一笑，看了一眼楚蔓，楚蔓知道他的意思，便接著說：「其實雲飛對自己的人際關係一直相當的低調，但總有想了解的人來問他，但他都是笑而不答、避重就輕。不過妳放心，今天問的人是妳，我一定會讓雲飛把妳想知道的，統統都告訴妳。」

一對有默契的夫妻，知道什麼時候，誰要做球給誰。

雲飛故意先刁難了一下小昭：「我請妳吃飯，還要把我的獨門絕招說出來，實在是太不划算了。」小昭聽了，對雲飛扮了一個鬼臉，手握楚蔓給她的尚方保劍，要雲飛快點說。

雲飛於是說：「其實一開始是無心插柳柳成蔭。有一次我從松山機場要飛杭州，沒想到杭州大雷雨，結果飛機便先飛到上海降落加油，再飛杭州。在上海虹橋機場等待的時候，空服員一直廣播要求禁用電子用品，然而我旁邊的先生，一會兒拿iPhone，一會兒拿iPad，一付就是心急如焚、不耐煩的模樣。

「我當時心裡想，閒著也是閒著，與其讓時間空轉，不如多認識一個人；於是便大膽地請教這位先生iPad的操作祕訣，沒想到這個先生彷彿遇到知音，便滔滔不絕的講了起來。

「聊完了iPad，當時剛好是世界博覽會在上海舉辦，我便請教他是否去過，沒想到開幕沒多久他就去過了，而且都是走ＶＩＰ通道，所以很多人氣場館他都去過。就這樣，一個話題接著一個話題，最後我跟他請教名片時才知道，原來他竟然是台灣某家上市紡織公司的董事長。」

小昭聽完故意不以為然的說：「這樣就認識董事長囉！好像沒什麼特別

的。」雲飛故意對著楚蔓說：「其實楚蔓知道，我以前因為不懂得聊天，眼睜睜的看到許多機會就這樣沒了，結果後悔萬千啊！」小昭卻說：「不可能只因為懂聊天找話題就可以認識人吧？再多教幾招嘛！」

雲飛清了一下喉嚨，慢條斯理的喝了一口水，才繼續說：「還有一次我朋友在君悅辦了一場兩岸交流活動，他跟我說會有很多銀行的高階主管出席，問我想不想參加？我心想，多認識銀行的高階主管有益無害，便欣然赴約。」

「結果吃飯的時候，這些大官每個都很嚴肅，很ㄍㄧㄥ，不苟言笑。我心想，這飯再吃下去我可能會胃抽筋，便把平常準備的笑話一個一個拿出來。當餐桌上有了笑話，氣氛就融洽許多！果然筵席結束，其中一位銀行副總拉著我說：『還好今天有你來，否則每次吃這種應酬飯，實在是食不知味呀！』」

小昭聽完還是故意不以為然的說：「哼！被你一說，靠準備話題和笑話就能建立關係，真是太不值錢了。」

零距離溝通講堂

Q 請問老師，準備話題和笑話聽起來簡單，可是我們平常看了很多笑話，臨時要講卻一個也想不起來，我該怎麼辦？有沒有什麼幫助記憶的祕訣？

A 家泰老師建議：

現代人出門可以不帶錢包，但一定不能不帶手機。手機的功能除了聯絡，還有很強大的記事功能；換句話說，平常看到不錯的笑話就存在手機裡，慢慢的你就會有笑話資料庫，就不會「笑話用時方恨少」。

至於話題的收集，平常一定要多關心時事，但會引發負面訊息的話題或新聞時事還是盡量避開；話題的深度，則可以視當時的情況調整，我說準備五個話題的目的也就在此，這樣就不怕相望無語的尷尬了。

2 不要好奇和探究對方的隱私

袁佳蕙是台中英才路上一家醫美診所的醫美師，二十九歲一百七十二公分五十二公斤的修長身材，配上打薄俏麗的短髮，笑起來兩個酒窩，分外迷人。

很多來診所微整型的婆婆媽媽，都喜歡打聽佳蕙有沒有男朋友？不是想幫兒子找老婆，就是想當媒人。不過佳蕙對外的說法都是已有論及婚嫁的男朋友，讓這些婆婆媽媽都很失望。

其實佳蕙目前還是小姑獨處，她只是不喜歡跟客人的關係太複雜；她認為親上加親只會讓很多單純的事變得複雜，所以她寧可假日與朋友遊山玩水到處玩，也不想急著把感情定下來。雖然如此，佳蕙的人緣還是超好，很多客人後來都變成她的忘年之交，因為她不會像有些人，好奇心太重，老是想探究對方的隱私。

雖然這幾年台灣醫美夯得火紅，但只有少數人願意承認自己的鼻子是墊高的，或是胸部整型過；就算以前明明是單眼皮，現在變成了雙眼皮，當事人還是一口咬定，絕沒有割雙眼皮。換句話說，在醫美這個領域，除了技術要好，能夠保守客人的祕密也是非常重要的；但好奇之心人皆有之，還是有些人會忍不住去探問客人的隱私。

有一次，來了一位頗具知名度的偶像女星，雖然她都自稱姓高，但大家都祕而不宣，因為客人故意不說真實姓名，就表示她不想讓別人知道自己的身分。沒想到，一位新進的護士，正好是這位女星的死忠粉絲，興奮到忘了先前前輩的殷殷囑咐，竟然很大聲的喚出對方的真名：「某某小姐，您真的好漂亮！」這個明星算滿有教養的，只是淺淺一笑，沒有理會她，但可想而知，她後來就沒有再來過這家診所了。

佳蕙這一點就做得很好，譬如說很多客人來雷射、去斑或去疤，甚至是除紋身，佳蕙永遠不會問為什麼會有這個疤？或為什麼想去紋身？因為這個原因，可能是客人最痛、最不想回憶的往事；若僅是為了滿足自己的好奇心，讓客人再去回憶這些痛苦的事，是相當不禮貌的。

有一天，來了一個跟佳蕙年紀相當的女孩子，她穿著黑色露肩荷葉邊的短袖洋裝和黑色金屬繫帶涼鞋，臉上只有淺淺的淡妝。佳蕙上前和她聊天寒暄之後，知道這女孩名叫伊蓮，伊蓮要把背上的紋身去掉，想知道需要的時間和預算？佳蕙一看，她的背上有一朵栩栩如生的玫瑰和龍的圖案，便告訴伊蓮，這需要一點時間來處理。

伊蓮陸陸續續來診所做雷射手術，也慢慢跟佳蕙聊到自己的情況，佳蕙才知道，原來伊蓮唸大學打工的時候跟她的老闆交往，畢業沒多久，就在眾人的祝福下結婚了。

婚後第一年，伊蓮和先生過著幸福的生活，先生不但把台中豪宅登記在她的名下，還帶著她到處遊山玩水，伊蓮的部落格裡，都是她幸福的身影和文字。

然而太幸福的夢往往容易破碎，伊蓮的先生有一天應酬酒喝多了，開車撞上安全島，車毀人亡。等到銀行上門伊蓮才知道，原來先生幾年前當了朋友三億貸款的保人，而這個朋友一年前就不知去向，他先生為了還債，已經把公司的股權都賣得差不多，連豪宅當時都是超額貸款，伊蓮因此莫名其妙的背上了幾千萬的債務。

伊蓮為了生存下去，賣了豪宅還欠了銀行八百萬的債務，只好到酒店上班，身上的紋身便是當時留下來的。上上個月她巧遇大學曾經喜歡過的男同學，相談之下兩個人都是單身，沒多久兩個人便開始吃飯約會。伊蓮想讓自己跟過去完全告別，所以才想去掉紋身。

就是這樣，佳蕙越不去問，有些客人反而願意自己告訴她關於過去不愉快的回憶。正因為這份貼心，佳蕙的人緣在店裡，永遠是最好的。

台北市中山北路二、三段曾是全台灣婚紗禮服密度最高，競爭最激烈的一級戰區。章若基是一家婚紗公司的攝影師，雖然大家都叫他Rocky，但一百七十公分五十五公斤的身材，實在無法跟拳王洛基聯想在一起。

Rocky在中山北路待了快十年，一直都在靠近民權東路這一家婚紗店上班。不同於許多攝影師喜歡留鬍子或長髮，或穿得很瀟灑、很酷，展現自己的外型，Rocky總是喜歡打著領結，穿著打摺長褲，看起來竟有點像一九二〇年代至一九四〇年代極為走紅的人物勞萊與哈台，其中比較瘦小的勞萊。

有些攝影師非常的酷，拍照的過程不苟言笑，跟拍照新人溝通的方式也比較生硬，但Rocky每次拍照不但認真，而且細心，跟新人溝通的時候，也總是非常的幽默，所以口碑一直相當不錯。

今天來拍照的新人滿特別的，新郎大約六十歲，新娘看起來不超過三十歲。Rocky有印象，上個月曾經跟他們聊過，兩個人很恩愛，始終手牽著手。今天拍外景的地方選在國父紀念館，除了在翠湖利用台北一〇一的倒影，兩個人很開心的拍了很多張，接著又到市議會前面取景，這裡才是拍台北一〇一最完整的角度。

Rocky一直很細心的捕捉兩個人不同的角度，也用小台的單眼相機記錄很多兩人稍縱即逝、最自然的互動。因為天氣晴朗，拍攝非常順利，大約兩個鐘頭，外景就拍完了。

回到婚紗禮服店，新郎偷偷的拿了一個紅包給Rocky，忽然眼眶一紅，哽咽的說：「我跟我太太看了幾間婚紗，只有你沒有用異樣的眼光看我們，才能讓今天的拍攝這麼的順利。這是我跟我太太的一點心意。」

Rocky堅持不收小費，但新郎也很堅持。他接著說：「我跟我太太是在大陸認識的，她是我的祕書，我們一直合作得很愉快。去年她生了一場大病，公司本來要她離職，我堅持不肯，沒想到反而結下一段良緣。

「我一直嫌自己都六十歲了，怕耽誤她的青春，但她說除了我誰都不嫁，兩個人走過一段艱辛的歲月，才能考驗彼此的真心。」

好奇心和探究別人的隱私，不僅止於開口說，哪怕只是一個眼神或一個表情，都可能會傷害到對方。只有放下我們的好奇心，對方才會打開心房，才會真正的跟我們交朋友。

零距離溝通講堂

Q 請問老師，萬一實在是不小心脫口而出說錯了話，傷害或得罪了對方，我應該如何處理？

A 家泰老師建議：

其實很多人完全不知道自己說錯了話或做錯了事，這就是不知不覺。如果發生了上述的情況，不要找任何理由，馬上誠懇的道歉，大部分的人是不會再計較的，就怕扯東扯西，找一堆藉口，那可就使道歉的誠意度，大打折扣了。

3

不要把話題圍繞在自己身上

宋允皓在學校是體育健將，他不但是籃球隊的隊長，排球和田徑也很拿手。大四那年當上最後一屆的班代，最近則辦了畢業十週年的同學會。因為事前的聯絡與通知非常的積極，所以當天來了三十幾個同學，加上眷屬共五十幾個人，好不熱鬧。

十一點時同學們陸陸續續抵達餐廳，也各自找到熟識的同學敘舊。允皓是主辦人，一面招呼剛到的同學，還要跟已經到場的朋友聊天，雖然如此忙碌，但餐廳裡盡是宋允皓的聲音。

以前允皓在學校是出了名的強勢，本來大家講好大四的班代要讓原本的副班代柯向天接手，但剛交出籃球校隊隊長身分的宋允皓很怕沒有舞台，硬是要了一些手段，把班代的位子搶了過去，並請柯向天繼續擔任副班代幫助他。還好宋允皓班代做得很認真，大家也就不再計較，但這次同學會如果不是向天幫著聯繫，其實有不少同學並不太想參加。

當時允皓當完兵到一家外商銀行工作，因為外語溝通能力不錯，工作能力和企圖心也強，沒多久就被外派新加坡、香港等地歷練，算是少年得志，一路高升到副總裁*。不過一旦人們把生活重心放在事業，往往就忽略了其他的事情，所以雖然允皓談戀愛的對象，不乏空姐或一些模特兒，但就是一直沒定下來。

十二點十分，同學已經到得差不多，允皓先請兩位與會的老師致辭，用餐之後，再請每一個參加的同學輪流上台跟大家說幾句話。照理說這是好事，讓大家都能了解彼此的現況，但允皓總是喜歡在同學發言後，硬是補充上自己的觀點，少不了再吹捧一下自己。

當輪到第六位蔡燕芳同學要上台，跟允皓一直不是很對盤的溫世雄，終於忍不住舉手發表意見了，但他說得很有技巧：「我覺得班代實在是太辛苦了！從我們進來一直招呼到現在都還沒坐下來，是不是可以換副班代向天來主持，

* 很多外商銀行的副總裁，只是擁有本國銀行經理的職權而已。

你也可以休息一下？」話才講完，大家便立刻鼓掌，還有人吹口哨叫好。

這麼糗的場面，如果還不下台，那真的就是給臉不要臉。宋允皓只好把主持的麥克風交給柯向天，一個人默默的坐著。倒是溫世雄自己先主動走過去，伸出右手跟允皓說：「辛苦了，如果不是你這麼用心，不會來這麼多同學，不過大家難得碰面，我們都想多聽聽其他同學的近況。等一下同學會結束，我請你喝咖啡，你再告訴我你這幾年的獵豔事蹟，如何？」

溫世雄主動釋出善意，給了允皓台階下，允皓當然懂，便用力的拍了一下世雄的肩膀說：「聊風花雪月，喝咖啡太不對味了，晚一點我們喝酒去，我請客。」兩個人才哈哈大笑，化解了所有的尷尬。

家泰老師tips

不論你的故事再怎麼精彩，也千萬不要霸占舞台，因為你越懂得分享，會發現你的舞台就越大。

葉芝琪還沒結婚之前，一直住在台北，並在一家線上遊戲公司當客服，在網路上認識了現在的先生。熱戀一年多，當對方正準備要提親的時候，芝琪也發現自己懷孕了，於是順水推舟，很快就結婚，搬到桃園待產。

芝琪在孩子滿兩個月起就把孩子交給褓姆，一直想要回到原來的公司上班，但夫家環境還不錯，希望她到夫家的公司學習，所以趁著回歸職場前幾天，她便趕快去逛逛街、買些衣服來穿。

苗芸芳的店在桃園市服飾店最多的中正路，逛街購物的人最多，但店家也多。不過芸芳在這行十幾年了，幾年前自己創業，經歷過一次失敗，覺得還是乖乖的上班比較適合自己，所以現在是某家連鎖女性上班族服飾店的店長。

有時候人與人投不投緣，第一眼印象就知道。芝琪一走進店裡，芸芳就覺得自己跟她似乎挺有緣的，剛好其他店員都在忙，自己上前打招呼之後，先讚美了芝琪今天衣服的顏色相當的吸引人，然後就保持二・五公尺左右的距離，微笑的看著她。

芝琪拿了幾件衣服試穿，一百六十五公分，生完孩子馬上恢復四十八公斤的好身材，其實穿什麼衣服都好看；加上芝琪的皮膚也白皙，挑了三、四套一直不知道怎麼決定才好。芸芳的習慣是在客戶沒有主動問自己之前，是不會擅自幫客戶出主意的。她觀察到芝琪跟她求救的眼神，但她沒有直接推薦哪一套衣服比較適合，而是上前先了解，芝琪準備在哪些場合穿著？

芸芳的經驗豐富，當客戶同時看上幾套衣服，其實是有可能都買下來的，重點是銷售員懂不懂得顧客的心理；如果售貨員這時候關心的是衣服，一旦幫客戶做了決定或推薦，顧客就只會挑一兩件。但如果把重點放在跟顧客的互動，多了解顧客的情況，顧客覺得銷售員關心她比關心產品還多，那種感覺，就完全不一樣了。

其實芝琪搬來桃園人生地不熟，已經悶了好一陣子，沒人陪她好好的聊天，芸芳的貼心，讓她的話匣子一開不可收拾，從以前在台北上班的生活，到跟老公的認識和交往，以及生小孩之後的心情轉折，都一股腦兒的倒了出來。芸芳也不覺得芝琪囉嗦，靜靜的傾聽著芝琪的分享，在適當時間回應個幾句。不知不覺，聊了快一個小時，最後芝琪決定四套衣服都買下來，並等老公晚上下班再來拿。

後來芝琪與芸芳兩個人成了好朋友，還常常一起去喝下午茶和看電影呢！

零距離溝通講堂

Q 請問老師，萬一遇到像宋允皓這種只顧著講自己的話題，就算講了還是不理的人怎麼辦？因為有時候實在是聽不下去了，又不好意思離開……

A **家泰老師建議：**

這個問題應該很多朋友都遇到過。有些朋友就會利用尿遁或接手機等方式，下次遇到這種狀況，您不妨也試試看囉！

4 與其炫耀自己，不如多讚美對方

榮獲一九九四年奧斯卡最佳影片獎等六項大獎的《阿甘正傳》，劇中的經典台詞：「人生就像一盒巧克力，你永遠不會知道你將會得到什麼。」套用在相親這件事上，似乎也是如此。

半年前剛結束一段年輕衝動的婚姻，凱莉實在不急著再談下一段戀情，但禁不起好友的一再催促，一會兒說女人的青春有限，一會兒說這個男生條件很好，上個星期只好硬著頭皮到君悅酒店，很不情願的相親去。

不巧，君悅酒店旁邊的世貿一館剛好正在辦展覽，還好好友選了一個相對安靜的角落，一切都進行得還滿順利。男方駱英華是義大利設計碩士學院畢業，目前在一家公司當家具設計師，身高一百八十二公分，談吐氣質都相當不錯，不像很多男生急於表現自己，一直說話，因此留給凱莉還不錯的印象；所以前天駱英華打電話約她看電影，她剛好也沒事，就答應他了。

凱莉的工作其實也滿好的，在一家壽險公司當副總經理的祕書，留著長髮，有著原住民深遂的大眼睛，聲音又特別的清脆好聽，人也機靈，做起事情來反應很快，連總經理都跟副總開玩笑，說要跟他換祕書。

這天駱英華本來要開著新買的奧迪A5跑車，直接到凱莉公司的門口接她，但凱莉做事低調，不希望被人家誤傳，畢竟兩人只是第一次單獨出去，連約會都談不上。她平常就不愛聊這些男歡女愛的八卦，當然更不希望自己變成八卦的主角，因此與駱英華約在下一個街口會合。

上了車，駱英華問凱莉有沒有特別想吃什麼，凱莉忽然想到有一次，副總在天母東路一家日本料理宴客，那家料理凱莉滿喜歡的，駱英華車子便轉向新生北路，往天母開過去。

上了一天班，凱莉本來想靜靜的坐在車上欣賞台北的夜景，但駱英華似乎怕兩個人太安靜，會感到尷尬，便開始講起他在米蘭的生活，凱莉只好一路附和著。開了半個小時車子到了餐廳，駱英華的話題已經從米蘭轉到自己的家世，聊到自己從爺爺那輩開始顯赫的家世背景；到吃完日本料理，話題又轉到自己曾經跟哪些模特兒或小明星約過會。

其實，凱莉對今晚的約會是有期待的，下班前不但特別換了自己得意的洋裝，下午還先請假去洗了頭；但這些駱英華似乎都沒有發現，只是不斷的談自己的事，既像是炫耀，又彷彿是跟凱莉說：「是妳運氣好，才能跟我約會。」

凱莉感到腦筋一片空白，她懷疑今天碰面的對象，真的是那天在君悅認識的駱英華嗎？天哪！人怎麼可以差這麼多！這時她巴不得可以有人來救她。忽然她的手機響了，凱莉一看名字，心想真是說曹操曹操到，馬上接起電話，用專業的祕書口氣說道：「副總您好」，接下來又連續說了幾次「是」和「馬上處理」。

電話掛斷之後，凱莉歉然向駱英華表示，因為副總臨時要一份資料，她必須趕回公司加班。駱英華雖然不大愉快，但還是很有禮貌的表示可以載凱莉回公司，凱莉當然拒絕了，回說改天再請他吃飯，接著趕緊攔了一輛計程車就走了。

沒多久計程車停在中山北路的光點咖啡，凱莉下了車，直接走了進去，看到一個跟她一樣漂亮的女人跟她揮手，凱莉趕緊走了過去，還沒開口，這個女生就先說：「凱莉，妳一喊我副總，我就知道我打電話的時間真對，等下的咖啡要妳請客囉！」凱莉接著說：「學姐，就算妳不說我也會請妳呀！」

凱莉的學姐鈺書現在是一家飯店的公關處長，雖然大凱莉三屆，但兩個人交情一直很好。凱莉把剛剛發生的事大致敘述給鈺書了解以後，鈺書也有點感慨的說：「真是可惜，本來還以為可以喝到妳的喜酒呢！」

「學姐，妳是公關處長，教我幾招人跟人之間的應對訣竅好不好？」凱莉藉機跟學姐請教，「少來！妳是副總祕書，哪還需要我教！」鈺書也不是省油的燈，但想想學妹都開口了，還是講個幾句好了。

鈺書問凱莉：「其實駱英華如果今天看到妳，先讚美妳的穿著打扮，妳心情會怎麼樣？」凱莉說：「當然會開心得不得了啦！」

「那就是啦！駱英華當然想討好妳，只是表錯了情，如果他先讚美妳幾句，少聊自己的豐功偉業，這會兒妳跟他，不知道浪漫到哪去囉！」

零距離溝通講堂

Q 請問老師，我實在不怎麼懂得讚美，除了講好聽的話，還要注意什麼嗎？

A 家泰老師建議：

除了講好聽的話，講話的表情和語調也一樣重要，否則讓對方覺得我們好像話中有話，或者是言不由衷，反而會變成反效果。

5 小心聊天聊到八卦地雷

方文杉是一家電台的助理導播，他的個性說好聽是外向幽默，但有時卻口無遮攔，令人相當火大。

這天他跟其他幾個同事在閒聊，話題剛好聊到最近有家知名飲品店，標榜使用天然食材，又有知名藝人許蒂投資，所以生意好得不得了，結果被踢爆使用了人工香精。方文衫的個性常常一開口就停不了，一開始對這家飲品店開罵，就跟著開始批評這位知名的藝人。

忽然他看到電台主持人藍羽卉經過，竟拉大嗓門問：「羽卉，妳不是跟許蒂的老公交往過，妳是不是因為他的人品不好，才不要他的？」只見藍羽卉狠狠的瞪了方文杉一眼，氣呼呼的走掉了。

汪震海高中畢業之後就開始創業，從麵包學徒開始到自己擁有店面，後來又跨足生技業，每一次的轉型都相當的成功，也讓現年四十歲的汪震海擁有好幾億的身價。但看似風光的背後，他一直有遺憾，那就是在他三歲的時候，因為小兒痲痺，造成左腳有一點不方便。當然這個不方便讓他在人際處事上吃了很多虧，所以跟他熟悉的朋友都知道，什麼都可以聊，就是不能聊到他的腳。

今天剛好有家平面媒體約了汪董採訪，來採訪的是年輕的女記者何艾琳。艾琳不但人長得漂亮，聲音也好聽，反應也非常的快，所以比起一起進雜誌社的同伴，她升得也比較快。

這天一如往常，除了原本約定的訪談內容，兩個人也額外聊了許多人生經歷，但艾琳忽然發現汪董左腳的情況，她自忖和汪董應該可以無話不聊，便直接問了。但沒想到汪震海臉色大變，立刻拿起手機，一跛一跛的從艾琳的眼前消失了。

一定不能聊的八卦地雷，包括了過去，甚至是現在的感情與婚姻狀態，畢竟不是每個人都願意談自己過去的感情史，尤其是曾經有不愉快的回憶，譬如說外遇或告上法院等，那一定是禁忌。

其次是身體的缺陷或殘缺，有些人則不喜歡談論他的家人，所以這類問題除非你事先搞清楚狀況，否則實在不建議在不熟悉的情況下去探聽。

譬如說「你跟某某人結婚了嗎？」、「你離婚幾年了？」、「妳跟先生是不是分居，準備離婚了嗎？」、「您臉上怎麼有個胎記？」、「聽說某某人高血壓很嚴重。」、「你們家幾個孩子？」、「你太太在哪裡上班？」……這些主題，都不適合做為開啟聊天的話題。

伍紋璇、黎貞旎、姜澄雨三人是知名的社交名媛，她們常常結伴出入許多Party、夜店，看似好姐妹，卻又常常因為看上同一位男性而爭風吃醋。她們的共同嗜好除了到SPA保養，讓自己維持外表的青春美麗，最常做的就是比較自己收藏的名牌。

所以這三個人往來的對象，大概也都是跟她們的風格差不多的人，正所謂物以類聚，就是這個道理。有一次，這三位社交名媛又結伴參加某位上櫃公司董事長的活動，她們還是跟過去一樣，打扮得相當漂亮，讓很多男人忍不住想多看一眼，只是沒想到，今天參加活動的貴賓都穿著得比較休閒，於是她們三個自然變成聚會關注的目標。

黎貞旎忍不住嘀咕邀約的姜澄雨沒有先搞清楚狀況，害她們變成聚會的異類，等餐會開始一入座，她們又忍不住討論起最近有哪些流行的精品。這時候伍紋璇和旁邊一個貴婦開始聊天，這幾位最擅長的，不外乎聊天拉關係。此時她忍不住開始詢問對方：提的包包是什麼名牌？多少錢？身上的衣服是哪個設計師的作品？聊的又是這些社交名媛比較的行頭。

這個貴婦一開始笑而不答，最後實在忍不住，但還是壓低了音量回應：「伍小姐，我身上的衣服、包包，加起來應該比不上妳一個包的價錢；但女人比的不是只有外表的光鮮亮麗，也要充實內心的涵養和知識。」說完很率性的站了起來，換到另一桌跟朋友繼續聊，留下三個一臉尷尬的社交名媛。

有一些人喜歡聊財富，比誰賺的錢多，比誰開的車名貴，比身上的名牌哪個昂貴……，物以類聚，當然這些話題不是不能聊，但大部分的人遇到這些問題，還是滿敏感的。

「你一個月薪水多少？」、「你銀行存款有多少？」、「你是不是買了很多保險？」、「你都怎麼投資理財？」……這些問題，就算您是相關產業的服務人員，也不宜輕率的問對方。

還有一種情況也不適宜，譬如說對方開的是服飾店或餐廳，有些人會在換了名片後問：「那拿您的名片去消費有打折嗎？」對方也許會礙於初識，客套的回應沒問題，但心裡面一定會對提問者印象大打折扣。

除了以上所談到的，還有很多話題，不適合做為初識聊天的話題，包括政治傾向、宗教信仰、心理狀態、社會關係、住宅隱密、法律訴訟；有些人則介意年齡、血型、身高、體重，還有女性朋友的三圍和身材等等，這些話題都該留意。

如果某日你在法院或醫院，看到不大熟悉的朋友，可千萬別輕率的問他：「那天怎麼在法院看到你？」萬一對方是某個案件的被告，勢必很難以啟齒！又或者你問：「那天你去醫院看病嗎？」若是在公開場合，被你這麼一問，對方如有不想公開的隱疾，肯定會對你恨之入骨。

其他包括「你怎麼又換工作了？」、「你最近還常常吃安眠藥才能入眠嗎？」、「你是不是跟老闆有特殊關係？」這種會冒犯對方、侵犯隱私的問題，千萬不要做為聊天的話題，因為百害而無一益。

總之，跟人聊天前，先用大腦思量，這個問題是不是前面所談到的地雷；只有謹言慎行，才不會讓自己踩到致命的地雷，才能使自己擁有好人緣，讓自己在人際關係上左右逢源。

零距離溝通講堂

Q 請問家泰老師，常聽人說，聊家庭和孩子是拉近距離、增進關係的方法，但你又說可能是地雷，那麼到底該如何區分呢？

A 家泰老師建議：

因為現在人的關係複雜，如果對方家庭幸福美滿，聊家庭小孩當然是好方法，所以關鍵是要先觀察，不要直接就切入這個話題，會比較安全。

6

對事不對人，真的很難呀

今年中秋節有四天長假，賓森和筱雯決定利用難得的長假，帶孩子去中南部走走。平常旅遊的規劃都是賓森在處理，但最近因為賓森公司的事比較多，就請筱雯找飯店和訂房，於是筱雯很認真的花了很多時間，上網蒐尋資料和比較。

其實連續假日，國內旅遊也挺辛苦的，為了怕塞車，七點多把孩子挖起床，八點半出門走國道三號，結果才走到新店安坑交流道，就開始塞車了。好不容易午餐之前終於到了台中的麗寶樂園，所幸，一路從台中到嘉義玩到台南，雖然每個景點的遊客眾多，但一家人可以連續玩好幾天，感覺仍然很棒。

最後一個晚上來到台南，前面兩天他們故意住得離市區遠一點點，才好享受渡假的寧靜。但來到台南，當然要好好的享受美食！所以筱雯特別訂了一間在市區的商旅。結果市區旅館的停車位比較小，賓森停車時，一不小心保險桿刮了一下，惜車如命的賓森順口罵了一句「爛停車場」，筱雯看了他一眼，暗示孩子面前別爆粗口，賓森才悻悻然的下了車。

玩到最後一天，大家難免疲倦，還好兩個小孩剛剛在車上已經睡了一覺，正想把行李放好，等會兒一起去品嚐台南美食，沒想到房門一開，大家都有點傻眼，四人房竟然比賓森和筱雯的臥室還小，兒子馬上脫口而出：「太誇張了吧！這麼小間怎麼睡呀！」

賓森接著走進浴室，沒想到旅館提供的盥洗清潔用品也相當陽春，接著打開窗簾，發現房間也沒有view。從車子被刮到的不爽累積到現在，賓森炸鍋了！開始抱怨這間旅館有多糟，一會兒罵黑店，一會兒說要跟消基會申訴。筱雯聽著賓森越罵越激動，臉色越來越難看，當然正在抱怨的賓森不可能注意到。一直到女兒說：「媽媽，妳怎麼哭了？」賓森才發現筱雯的情緒不對。

賓森還一臉不解的問：「筱雯，妳怎麼了？就算旅館很爛，妳也不用氣到哭呀！」這下筱雯更是氣到走進浴室，把門鎖起來，一邊哭一邊說：「下次出來玩，行程統統給你訂，我只要負責玩就好了。」

王雪甄的投資顧問公司開在高雄中正四路，自己同時擔任董事長兼總經理，因為掌握了獨特的經營策略，加上自己全心投入，公司的業務規模和客戶群，在業界都備受肯定，只不過底下的幾個專案經理來來去去，常常人才訓練得比較成熟，就待不住了，人員的流動率高使雪甄相當的頭痛。

詹淳浩是王雪甄唸大學時法律系的同學，人長得英俊挺拔，兩個人雖然登對，但各自嫁娶，只是事業上的好朋友。最近，淳浩有個案子跟雪甄的公司有合作，便參加了雪甄公司內部的會議。

淳浩發現，雪甄的同仁一聽到要開會，心情就有種灰濛濛的感覺，幾個原本事情討論得正起勁的同事，也像是洩了氣的氣球一樣，收拾資料準備開會。會議是由一位協理主持，三個專案團隊輪流報告自己在案子中負責業務的進度。雪甄坐在主持的協理旁邊，準備聽取大家的報告。

第一個報告的是Charles，他負責跟客戶的溝通，目前已充分了解到客戶大致上都支持這個案子。雪甄聽完面無表情淡淡的說：「還要繼續加油。」

接下來輪到Sharon，負責發表會場的硬體與軟體的評估聯繫。她一報告完，主持的協理就說了幾句鼓勵的話，雪甄接著說：「Sharon，我這個人對事不對人，我覺得這次妳選的場地，真的不理想。前年我們在這個場地辦過兩次活動，第一次活動進行到一半，投影機燈泡燒掉，竟然沒有備用的替補，後來看在對方給我們場地很大的折扣上來補償，下半年又在同樣的場地辦了一次活動。

「雖說是冬天，沒有空調還是會悶死人的，結果那場說明會進行不到一半，就走了一大半的人！這樣糟糕的場地，我怎麼可能會再用？我知道妳很用心在規劃，但下次妳一定要特別注意。」雪甄話還沒有講完，坐在Sharon旁邊的Carol已經遞過了面紙，給她擦眼淚。

好不容易會議結束，淳浩留在雪甄的辦公室繼續討論剛剛的案子。淳浩實在很想讓雪甄了解，到底為什麼雪甄公司會有好不容易訓練好的人都留不住的問題？然而有句話說得好：「**隨著自我膨脹的，還有盲點。**」這句話真的是很有道理，不請自來的建議常常不被重視，留不住人才的原因還是等雪甄自己發現再說好了。

零距離溝通講堂

Q 請問老師，既然說很難對事不對人，那麼該如何表達，既不會讓對方誤會生氣，又可以達到期望的效果？

A 家泰老師建議：

1. 如果今天想建議對方，最好的方法是「三明治建議法」，即先讚美，然後建議，再鼓勵。譬如說您的朋友總喜歡穿得烏漆抹黑，您想建議他多穿亮色系的衣服，可以試試看這樣說：「您穿黑色的衣服感覺很有個性耶！如果偶爾換亮色系的衣服，一定會讓人覺得年輕有朝氣喔！」這樣的說法，大部分的人都可以接受。
2. 批評的話盡量不要在公開場合說。人都是愛面子的動物，公開場合被批評了，面子掛不住，動氣了，一般人就很難保持理性的判斷。所以對人的建議或批評，最好私底下說，給對方台階下，就是給自己留後路。
3. 如果可以在批評別人前先談自己的缺點或錯誤，這樣的效果最好。

因為對方心裡會想，你都先說自己的缺點或錯誤了，感覺上就不是針對我而來，接受度一定會比較高。

譬如說，我們常常習慣說「你誤會我的意思了」，這句話就是暗指對方沒聽懂我的話，但如果我們先說「對不起，是我沒講清楚」，對方可能會這麼反應：「不不不，我也沒聽清楚」，如此一來皆大歡喜，多好！

7

如何講話讓對方一聽就懂

台上的楊副總已經講了半個多小時，台下五十幾個經理人早就不耐煩，並且蠢蠢欲動，但又怕被楊副總看到會罵人，只好硬撐著。這時候，劉學名經理在筆記本上寫著：「聽了半個多鐘頭，除了知道他在罵人，你有聽到其他重點嗎？」然後推給旁邊的張佈耀經理看，張經理在旁邊寫上：「他的重點就是罵人啊！只是罵得很沒重點，不痛不癢。」幾個字的後面，還畫了一個鬼臉。

職場裡的朋友們，是不是也有這樣的感觸呢？很多主管開會拿起麥克風後就會滔滔不絕，心情好，可以聊到他們家的寵物有多可愛；心情不好，罵起人來同樣的話可以罵很多次。連罵人都可以「辭窮」，那實在是非常遜的事。

更糟的是，想轉達老闆要求達成的任務時，交待了半天，大家還是聽不懂老闆的重點到底是什麼。這樣的人不管官大官小，只要講話無法讓對方一聽就懂，就會造成無效的溝通，甚至是資源的浪費。那麼到底該怎麼說，才能讓對方一聽就懂呢？

預售屋的代銷小姐很多，而且個個都漂亮有氣質。胡紜茜在台中代銷界，算是小有名氣。

紜茜有個同事黃昭縈也是個美女，最近才從保險業轉來預售屋代銷，不知道是隔行如隔山，還是昭縈還沒掌握到銷售的重點，四個多月下來業績一直不理想。代銷小姐很多都是跑單沒有底薪的，也就是說，沒有業績就沒有收入。坐吃山空不是辦法，昭縈的心裡很急，只好求助於她心目中的偶像紜茜。

還好紜茜的個性古道熱腸，而且自己剛入行的時候也是摸不著頭緒，因為有熱心的前輩指導她，才慢慢上了軌道。這幾年陸陸續續教出幾個不錯的後輩，有些懂得飲水思源、經常保持聯繫，但難免遇到過河拆橋的人，還好不管遇到什麼挫折，紜茜一直不減熱忱。

紜茜教人向來不是只教技巧，她會花時間去觀察對方銷售的盲點，以及個性的特質。譬如說大部分的業務員都太急著想成交，有時候講話的速度和語氣，都會讓客戶覺得不舒服。但紘茜發現，昭縈講話非常的溫柔，而且不疾不徐，聲音又好聽，客戶並不會感到壓力，所以業績不好顯然與心急無關。後來連續聽了她跟四個客戶介紹後，她終於聽出昭縈的問題所在。

這天下午，兩個人都休假，便約在安順東一街的一間餐廳喝下午茶。兩個人一邊喝咖啡一邊先聊八卦，紘茜見時機成熟，便拿出這次代銷的案子DM，請昭縈把她當成客戶來介紹，昭縈揮了揮手哭喪著臉說：「今天休假耶！不要再賣房子了啦！」

紘茜笑了笑說：「不是要妳賣房子，我只是想讓妳知道自己的盲點，如果妳不能解決這個盲點，我教再多也沒用。妳一邊說我一邊錄音，到時候妳就知道我的用意了。」昭縈不得已，只好硬著頭皮，把紘茜當客戶，介紹了十分鐘的產品。

紘茜問昭縈：「在妳介紹的過程中，妳要表達的重點有哪些？」昭縈一邊想一邊說了六七個重點，紘茜都一一的記在紙上，然後把剛剛的錄音播放出來，並且解釋給昭縈聽，才發現剛剛講的十分鐘，不但重點很模糊，而且有些項目甚至會重複三次。

昭縈的表情好糗，這時候紘茜拍拍她的手背說：「我教妳幾招，以後客戶一聽，就知道妳想表達的重點了。」

第一招、把要表達的重點條列式

譬如說我要跟客戶強調以下三件事時，我會這麼說：

1.這個產品非常重視動靜開闔、陽光空氣和水的交流，這對房子的磁場和居住者的身心都非常的有幫助。

2.我們非常重視節能減碳，所以中庭裡的庭園流水，都是利用雨水回收再利用。

3.中庭所栽種的植物不論是杜鵑、大花紫薇或馬纓丹……，都是依照四季節氣的運轉來設計，也就是說，住在這裡，一年四季都可以看到盛開的花朵。

昭縈，妳是不是一聽，就知道重點有哪三項了？

第二招、時間的先後順序要一致

有時候我們不免介紹這個環境的過去和未來。如果談的是過去，那就只談過去的變遷；如果只談未來的前景和機會，就統統只談未來。絕對不要一會兒談過去，又一會兒談未來，這樣時空環境錯亂，會讓對方不知道妳談的是現在，還是未來。

第三招、直接講重點再談前因後果

有時候遇到急性的的人，為了避免對方沒耐性，我一開始就會講重點，先吸引到對方的注意力，再慢慢的分析給他聽。

譬如說有一次，我在另一個案子中，遇到一個五十多歲的投資客，他直接對我吐槽說，我們這個基地離市區有段距離，未來的增值空間有限……結果妳猜他跟我買了幾間？

昭縈敲了敲太陽穴說：「我猜兩間。」紜茜回道：「黃昭縈，妳太看不起我囉！他一口氣買了十間。」「十間？太誇張了吧！妳怎麼做到的？」

因為我直接問他：「你後不後悔錯過七期的行情？」他說當然後悔啦！於是我說：「五十年前如果買信義計畫區的地一定會被笑笨蛋，同樣的二十年前如果買七期或新板特區，一樣會被笑白癡，但後來呢？」

「所以我規納出一個結論——點石成金前的三個共同點：一片荒蕪、生活機能不佳、不被輿論看好，最後還多追加了一項：『會被嘲笑的地點，才有驚人的倍漲空間』。這個投資客聽完哈哈大笑，還說我分析得很有道理，結果一口氣就下訂十間，嚇我一跳呢！」

昭縈很認真的聽紘茜的講解，還跟餐廳借了一張紙，把剛剛紘茜說的三個方法很仔細的記了下來，然後跟紘茜說：「謝謝妳把這個寶貴的經驗告訴我，我一定不會讓妳失望的。」

零距離溝通講堂

Q 請問老師，我有幾個員工，介紹產品時老是讓客戶一頭霧水，我可以如何要求他們呢？

A 家泰老師建議：

要求您的員工運用前面紘茜教昭縈的3個方法，然後把產品的介紹先寫下來，但千萬不能死記的背，而是要不斷的看、不斷的唸，直到變成非常的口語化，而且不論任何產品都能運用自如，那麼您的頭痛問題，就可以迎刃而解了。

※會議進行中……

8

如何回答尷尬的問題

我們常形容有些人的個性是一根腸子通到底，心直口快，雖然沒有惡意，但可能無意間傷到人而不自知，又或者因為自己的無心之過，不小心講了不該講的話，得罪了對方。

譬如說有一次，我去以前上班的公司找老朋友，因為好多年不見了，其實對每個老同事的近況並不清楚，就順口問了一位女同事結婚了嗎？沒想到坐在我前面的同事立刻用表情告訴我問錯問題了。瞧！雖然沒有惡意，但也夠糗了，所以除了提醒自己，不要輕易的問婚姻這類私人的問題，也要讓自己在面對別人無心的提問時，化解尷尬。

喬茵茵唸大學的時候是班上的漂亮寶貝，不同於班上其他女生，大一的時候看起來很青澀。茵茵成熟的外表與身材，讓她身邊總是不乏條件不錯的對象追求。不過茵茵一直非常的低調，不喜歡太出風頭。

她的第一個男友是班上的同學，也很穩定的從大一交往到大三，一直到大四時，不知道什麼原因，這個男友和班上另一個男生在教室起了衝突，大家才忽然發現，茵茵的男友換成了這個比較高帥的同學。

但畢業之後，茵茵就很少出席班上同學的活動，只聽說和這個高帥的同學分手了，但其他的事就一直很神祕，一直到十年後，她在大學的好友韓向筠結婚時，她終於出現了，但卻沒有攜伴參加。

韓向筠總共請了兩桌的大學同學，茵茵那桌的同學有六個，其中張鳴郜和黎淑媛是班對，還有三位都有攜伴。聊起以前在學校的往事，大家都非常的開心，畢竟職場不比學校生活單純簡單，大家不免懷念起以前愉快的時光，但也刻意不去談茵茵以前在學校的愛情史。

聊著聊著，大家越來越不拘束，忽然張鳴郜問：「茵茵，什麼時候要請我們吃喜酒？我們可是等很久了。」他才剛說完，淑媛就在他的大腿上捏了一下，他才想到自己哪壺不開提哪壺。因為淑媛和茵茵還有聯絡，她知道茵茵前兩年很低調的結了婚，不過去年才剛結束婚姻，這件事茵茵不想公開，淑媛也沒跟張鳴邯提起，沒想到自己的老公先口無遮攔地問了出來。

還好茵茵看起來似乎不是很介意，只是笑笑的說：「看你有沒有不錯的對象要幫我介紹，我現在可是單身。」茵茵的淡然化解了可能的尷尬，但另一桌就沒那麼簡單了。

這桌都有攜伴，自己開公司的吳鷹華、杜素華和劉秀臻都在公家機關，許仲鵬在保險公司，黃嘉林則是負責父親在大陸的公司。杜素華、劉秀臻和許仲鵬都有小孩，黃嘉林跟太太結婚快三年，但因為多數時間都在大陸，大家對他的近況都不大熟。

於是杜素華、劉秀臻和許仲鵬夫妻開始大聊爸媽經，吳鷹華還未婚，當然插不上嘴，但黃嘉林和太太也都沒參與，誰知道許仲鵬忽然問黃太太：「大嫂打算什麼時候生一個小寶寶呢？」仲鵬的話才講完，嘉林的太太忽然掩面啜泣，嘉林安慰了一下太太，但似乎沒有什麼效果，只好跟大家說抱歉，先跟太太離席了。

這下子場面有些尷尬，大家面面相覷，盡無言語。大約半個鐘頭後，與黃嘉林比較好的鷹華手機裡的WeChat忽然傳來訊息聲，鷹華低頭一看，是嘉林發來的：「鷹華，要請你幫我跟大家說抱歉，下次有機會再約大家一起吃飯。

其實我太太原本這個月要生產，可是不知道什麼原因上上個月流產了，嬰兒沒保住，我太太一直很自責，但我不怪仲鵬，畢竟他是無心的。這件事你知道就好，請你幫我保密囉！」

每個人或多或少都有不想面對的事情，但這些事，也許對別人卻是很敏感的話題，但因為每個人在意的程度不一樣，所以不是每個人都能像喬茵茵，回答得這般淡然。那麼還有哪些方式，可以解決尷尬呢？

楊書忱是一家科技公司的行銷總監，常常代表公司到客戶端介紹產品，偶爾會遇到不友善的客戶提問，書忱總是可以輕鬆過關，譬如說他常被問到：「你是否保證用貴公司的產品，一定可以像你說的那麼好？」這時他會請教對方如何定義「保證」，再把客戶的問題移轉到**「如何保證」**是他們想要的，這招就叫做**聲東擊西**。

曾有客戶故意問他產品的毛利是多少？他就會用**「擴大問題」**的方式來回答。他會開始講產品在研發過程中遇到哪些問題，對產品毛利的影響是如何，有時候客戶被他的故事吸引了，就忘了原本自己到底想問的是什麼？

有時候客戶會說「某某同業說貴公司產品都賣得比別人貴」，他就**「四兩撥千斤」**，問對方是否聽過賓士及BMW批評過同業，對方當然說沒有，他便接著說**「所以本公司也都不批評同業」**。

又有一次一家經銷商直接開炮，說書忱公司的規定不夠靈活，對經銷商而言不划算，書忱也是笑笑的四兩撥千斤回答：**「謝謝您寶貴的建議，我一定會跟公司反應與爭取。」**

書忱有時候也會用**直接反問**的方式，來回答尷尬的問題，譬如說「你覺得呢？」、「你為什麼會想到問這樣的問題呢？」、「你覺得不好嗎？」等等回答來處理，當然也就能避開回答尷尬問題的窘境囉！

所以面對尷尬的問題，先處理自己的心情，再思考回答問題的角度。如果你覺得這個問題是刺眼的釘子，那麼就化為鐵鎚來消滅它。與其把問題看成絆腳石，不如當成墊腳石。優先處理心情，再思考問題，那麼再尷尬的問題，也能讓你在談笑之間，變成自己的加分題囉！

零距離溝通講堂

Q 請問老師，萬一對方是蓄意來者不善，難道我仍舊不理會，甚至是用幽默感回應嗎？

A 家泰老師建議：

有兩個很有名的故事，發生在兩個英國首相身上。有一次威爾遜首相主持記者會，一個抗議者在後面大喊「垃圾、狗屎」，威爾遜不慌不忙的笑著說：「這位先生，您關心的環保問題，等下就會提到了。」

另一個則是發生在帶領英國度過二次大戰的邱吉爾。有一個人在提問單上寫「笨蛋」，邱吉爾機智的說：「有個朋友只署名笨蛋，但忘了寫上問題了。」瞧，是不是幽默無敵？

如果對方故意消遣、故意讓我們難堪，如果我們動怒了，不就中了對方的計了嗎？

9

你聽得懂對方的話中有話嗎

Sandy是新竹科學園區一家設備廠商的業務，留著及肩烏黑的長髮，漂亮的大眼睛和嗲嗲的聲音，很難不讓人印象深刻。在新竹科學園區，很多工程師都為之傾倒，可惜她名花有主，早就跟學長在一起，令很多竹科新貴為之扼腕。

Sandy跑業務不只是勤快，而且她有一顆聰慧的心，當其他競爭對手的業務還搞不清楚狀況，她總是很淡定的開始進行了。所以在公司才做了三年，業績卻好到公司必須配一個助理Anna，幫她處理很多庶務瑣事。其實Anna是Sandy小一屆的學妹，人滿機靈的，只不過沒啥企圖心。

Anna跟在學姐身邊半年多，有一次必須跟Sandy一起去拜訪客戶，對方是一家半導體大廠，接待的是採購副理王俊益。Sandy雖然跟王副理不是第一次見面，但還是不免先客套恭維一番，「以後還要跟您多請教」、「您是業界的前輩，要請您多指點」、「謝謝您總是對晚輩比較照顧」……一番攻防下來，連Anna都感覺到王俊益對Sandy特別有好感。

雖然如此，談到採購的條件，王副理還是相當堅持他的立場：「Sandy，我上次跟妳說過了，就這個條件而言，我是無法讓步的。」Sandy笑笑地說：「我知道，上次是我太不懂事了，所以回去我重新設計了另一個方案，再請您評估一下。」她一邊說，一邊請Anna把資料夾拿出來給王副理。

王俊益看完Sandy提供的新報價，一邊看一邊露出微笑，沒多久收下了新的報價：「這份報價單及相關的條件，我會幫妳跟主管爭取看看。」說完雙方握手，Sandy就先告辭了。

回公司的路上Anna不解的請教Sandy：「Sandy，王副理上次不是說，『就這個條件而言，我是無法讓步的』，不就等於告訴我們這個案子不用談了嗎？為什麼他今天又很高興的收下我們的報價單？」

「Anna，客戶講的話妳除了聽表面的意思，更要聽懂客戶的弦外之音，尤其是『**關鍵字**』」。Sandy一邊開著她新買的Mazda 6，一邊回答Anna的問題，接著說：「華人是世界上最喜歡說雙關語的民族，說話常常一句有說一句沒說，而**沒說的那句，往往比說的那一句更重要。**」

「有時候客戶不方便明確告訴我們怎麼做，是不想直接拒絕我們；有時會透過暗示表達妥協的意願，這時就要特別留心弦外之音，像『一般而言，我們不會接受這樣的條件』，關鍵字是**一般**，因此我們須專注在請教對方，究竟在什麼樣的條件下可以接受，如果客戶說『這不是我能決定的』，我們就該請教誰能夠決定。像這一類話中有話的弦外之音暗示很多，如果沒聽懂，恐怕就會錯失很多機會。」

Anna聽了Sandy這段說明，似懂非懂的點點頭，接著又問：「除了解讀客戶的暗示外，什麼情況下，我們要留意客戶的弦外之音？」Sandy剛閃過對向車道一台越過雙黃線的小貨車，才接著回答：「Anna，我開車要很專心耶！妳還要我分心回答妳的問題喔！不過念在妳一直都很認真學習，再教妳一招。」

「跟客戶說話內容一樣重要的是**說話的方式**，譬如說**說話的速度**，如果今天我們請客戶幫忙，而客戶連問都沒問，就很快速的說『沒問題！沒問題！』，那一定是客套敷衍我們。妳想想，如果去餐廳吃飯，服務生不小心將水潑到你身上，服務生當然也會立刻道歉處理，我們通常也會說『沒關係』，但那倒底是不是真的沒關係呢？」

Anna想了一下：「真的耶！我會很快的說『沒關係、沒關係』，但其實當然有關係。」Sandy接著說：「包括我們接電話也是如此。如果手機沒顯示對方來電或電話沒見過，我們的『喂』也是又簡短又快速，所以對方回答的速度簡短快速，小心只是客套敷衍啊！」

Anna一聽，又是一知半解，只能點點頭。

很多朋友在職場總是兢兢業業，卻一直得不到老闆或主管的賞識，很多時候就是因為聽不懂老闆的弦外之音，所以我寫了一段「老闆的真心話大冒險」，供職場裡辛苦的朋友參考。

A、「你下班後有沒有事？」你以為老闆只是純粹的關心你嗎？搞清楚老闆是不是暗示你**該加班了**。

B、「你這個想法滿特別的」、「你的思考能力不錯，只不過……」，很多主管不會直接否決你的提案或建議，這種主管很懂得顧及下屬的顏面，但很多下屬搞不清楚狀況，還以為主管欣賞他的提案，唉！下次主管先鼓勵了你，別太高興，**真正的重點是在後面**啊！

C、「你最近都在忙什麼？」你以為老闆只是純粹的關心你嗎？搞清楚，老闆是不是暗示你**最近的績效很不理想喔**！再不好好努力，小心炒魷魚呀！

D、「這麼做沒問題嗎？你要想一想。」如果你的主管對你這麼說了，我想還是務實一點，放棄這個案子吧！因為老闆大概不是很支持這個案子的。

零距離溝通講堂

Q 請問老師，我常常被同事或朋友笑沒什麼sense，除了您前面提到的四種狀況，那麼還有哪些情況要注意，對方可能有弦外之音？

A 家泰老師建議：

確實，每個人的敏感度不一樣，有些人就是屬於後知後覺型，往往都是先得罪了人，很久以後才知道，所以第一個要注意的是彼此之間的上下關係。

第一、前面提到客戶對業務員、主管對下屬，原則上都是上對下，換句話說，這種情況一定要先搞清楚，多想一步，基於彼此的上下關係判斷對方說的是真話，還是另有所指。譬如說一個客戶搬了新辦公室，邀你去參觀，客戶說請你對辦公室提出一些建議，搞清楚，客戶要的可能是讚美或恭維。

第二、表裡不一。很多人修養很好，隨時都可以保持笑容，但一般人的修養再好，還是有情緒。所以當對方雖然一臉笑容，但說話的內容卻很精簡：「好、可以、OK、保持聯絡……」甚至會不斷重覆，這表示對方已經很不耐煩了。

第三、不由自主的說反話。有些人可能因為心虛或怕被對方看穿，一開始就說「我是對事不對人」、「我最喜歡直來直往」、「我最討厭奉承阿諛」、「我這個人最客觀了」諸如此類，面對這樣的人，與其聽其言不如觀其行，不要太早就下定論了。

我等等去參
加個PATY！
你最近
都在忙什麼？
工作做不完還跑趴，
考核扣分！

保證過關！
這麼做沒問題
嗎？你要想想。
我看你等著被
客戶削海吧！

我也這麼
覺得！
你的想法滿
特別的。
特別到
不能用！

國家圖書館出版品預行編目資料

聊天聊出好人緣：快速累積好感力，讓對方越聊越喜歡你！
/ 林家泰作. ——二版——新北市：晶冠出版有限公司，
2023.06
面；公分．——（智慧菁典 ； 29）

ISBN 978-626-97254-1-0（平裝）

1.CST: 說話藝術 2.CST: 溝通技巧 3.CST: 人際關係

192.32 112006812

智慧菁典 29

聊天聊出好人緣

快速累積好感力，讓對方越聊越喜歡你！【暢銷新編版】

作　　者　林家泰
行政總編　方柏霖
副總編輯　林美玲
校　　對　蔡青容
封面設計　王心怡
內頁插畫　黎宇珠
出版發行　晶冠出版有限公司
電　　話　02-7731-5558
傳　　真　02-2245-1479
E-mail　ace.reading@gmail.com
總 代 理　旭昇圖書有限公司
電　　話　02-2245-1480（代表號）
傳　　真　02-2245-1479
郵政劃撥　12935041 旭昇圖書有限公司
地　　址　新北市中和區中山路二段352號2樓
E-mail　s1686688@ms31.hinet.net
印　　製　福霖印刷有限公司
定　　價　新台幣280元
出版日期　2023年06月 二版一刷
ISBN-13　978-626-97254-1-0